POLÍTICAS PÚBLICAS EN SEGURIDAD ALIMENTARIA
EN MUNICIPIOS CON MENOR ÍNDICE
DE DESARROLLO HUMANO

Políticas públicas en seguridad alimentaria en municipios con menor índice de desarrollo humano

Octavio Grajales Castillejos, Irene Barboza Carrasco, Ángel Gutiérrez Zavala

Número de Control de la Biblioteca del Congreso de EE. UU.:		2013922750
ISBN:	Tapa Dura	978-1-4633-7516-4
	Tapa Blanda	978-1-4633-7515-7
	Libro Electrónico	978-1-4633-7514-0

Para realizar pedidos de este libro, contacte con:
Palibrio LLC
1663 Liberty Drive
Suite 200
Bloomington, IN 47403
Gratis desde EE. UU. al 877.407.5847
Gratis desde México al 01.800.288.2243
Gratis desde España al 900.866.949
Desde otro país al +1.812.671.9757
Fax: 01.812.355.1576
ventas@palibrio.com
521773

ÍNDICE

GRÁFICOS E IMÁGENES

RESUMEN

La situación que guarda la seguridad alimentaria y nutricional en Chiapas vista desde sus cuatro componentes básicos, nunca ha sido analizada hasta hoy, desde esta perspectiva; por lo tanto, se desconoce el impacto que han tenido las políticas públicas en atención a esta problemática. En esta publicación se muestra el comportamiento histórico que han presentado estos componentes en los últimos diez años en municipios con menor Índice de Desarrollo Humano (IDH) de Chiapas, apoyados por fuentes secundarias (INEGI, CONEVAL, CONAPO, PNUD, FAO, INCAP, entre otros); asimismo, describe la situación actual de estos municipios, sustentado con información proveniente de una encuesta aplicada a las familias que en ellos residen, con la que se identificaron tasas de prevalencia de desnutrición en menores de cinco años de edad de hasta 93.8%, debido a las enormes carencias que padecen, tales como: atención a la salud, empleo, servicios públicos (educación, agua potable, caminos, condiciones de la vivienda) y producción de alimentos para venta y autoconsumo. Este estudio, concluye con una propuesta metodológica para contrarrestar la inseguridad alimentaria en que se encuentran estos municipios Chiapanecos.

Palabra clave: Políticas públicas, seguridad alimentaria.

ABSTRACT

The nourishing and nutritional security in Chiapas seen from its four basic components never has been analyzed until today, from this perspective; therefore, the impact is not known that has had the public policies in attention to this problematic one. The publication shows the historical behavior that has presented/displayed these components in the last ten years in municipalities with smaller Index of Human Development (IDH) of Chiapas supported by secondary sources (INEGI, CONEVAL, CONAPO, the PNUD, the FAO, INCAP, among others); also, it describes the present situation of these municipalities, sustained with originating information of a applied survey to the families who in them reside, with whom rates of prevalence of undernourishment in minors of five years of age of up to 93,8% were identified due to the enormous deficiencies that suffer, such as: lack of attention in health, employment, public services (education, drinking water, roads, house conditions) and, food production for sale and private consumption. This study concludes with a methodological proposal to fight the nourishing insecurity in which these municipalities of Chiapas are.

Key word: Public policies, nourishing security.

SIGLAS UTILIZADAS

CEPAL   Comisión Económica para América Latina y el Caribe.

COESPO   Consejo Estatal de Población.

CONAPO   Consejo Nacional de Población.

CONEVAL   Consejo Nacional de Evaluación.

DOF   Diario Oficial de la Federación.

FAO   Organización para la Agricultura y la Alimentación.

IDH   Índice de Desarrollo Humano.

IMEPREV   Instituto de Medicina Preventiva.

INCAP   Instituto de Nutrición de Centro América y Panamá.

INEGI   Instituto Nacional de Estadística Geografía e Informática.

OACNUDH   Oficina del Alto Comisionado de las Naciones Unidas para
              los Derechos Humanos.

ONU   Organización de las Naciones Unidas.

OMS   Organización Mundial de la Salud.

OPS   Organización Panamericana de Salud.

PENUD   Programa de las Naciones Unidas para el Desarrollo.

PESA   Programa de Seguridad Alimentaria y Nutricional.

PRESANCA   Programa Estratégico de Seguridad Alimentaria y Nutricional de Centro América.

INTRODUCCIÓN

Los estudios regionales son de gran utilidad en la búsqueda como en la generación de conocimientos, ya sean vistos desde el ámbito geográfico, político, económico o social. El diseño y aplicación de las políticas públicas son uno de esos factores que deben estudiarse desde éste ámbito, con el propósito de aportar elementos de planeación regional e influir en la toma acertada de decisiones y que éstas repercutan en beneficio de la sociedad. A partir de cualquier perspectiva, remiten a los estudiosos indagar los factores que inciden en los grupos sociales en un espacio-tiempo determinado.

Las ciencias, métodos y políticas implementadas que atienden los problemas sociales no han logrado incidir como se espera, de acuerdo con cifras oficiales en la actualidad existen cerca de 1 mil millones de personas subnutridas en el mundo, en su mayoría de países en desarrollo. En la región de América Latina y el Caribe, viven poco más de 50 millones, mientras en la región de Asia y Pacífico el número asciende a más de 500 millones; siendo la región del mundo con el mayor número de personas con subnutrición. En México, el 7% de la población sobrevive esta misma situación, mientras en Chiapas, los porcentajes se encuentran por encima del 30%. Esto se percibe por las altas prevalencias de desnutrición, principalmente en las comunidades marginadas.

La región Sureste de México, ha ocupado por décadas los últimos lugares en desarrollo social (principalmente, Chiapas, Guerrero y Oaxaca), manifestándose en: pobreza, marginación, inseguridad alimentaria y otras variables como longevidad, logro educacional y el nivel de vida, que inciden en el desarrollo humano en general. Pocos son los avances que logran apreciarse, a pesar del incremento en el gasto social en las localidades más afectadas, el impacto no se refleja positivamente en el mejoramiento de la situación alimentaria de los más pobres; registrándose desnutrición, a niveles trágicos en niños menores de cinco años de edad.

Las políticas públicas en cuales quiera de sus niveles, son pautas institucionales para lograr el desarrollo social, de las que se han obtenido múltiples resultados; sin embargo, a nivel local persisten las desigualdades sociales y económicas, algunos indicadores dan cuenta de esta situación, entre ellos: bajo peso al nacimiento, prevalencia de desnutrición, así como bajo rendimiento escolar, exacerbados por los contrastes marcados entre los municipios y localidades al interior de Chiapas, así como del estado con el resto del país.

De manera específica las políticas que han sido diseñadas para resolver la inseguridad alimentaria, deben ocupar el primer lugar entre las prioridades sociales del gobierno; ya que la desnutrición en los niños es causa directa del bajo rendimiento físico, dificultad en el aprendizaje, retardo en el crecimiento, secuelas en el desarrollo psicosocial y afectivo, altas tasas de morbi-mortalidad infantil, asimismo en los grupos de población joven y adultos disminuye la productividad.

La situación descrita generó el interés profesional para desarrollar una investigación que tuvo como objetivo determinar el impacto de las políticas públicas en seguridad alimentaria, en municipios con menor índice de desarrollo humano (IDH) del estado de Chiapas, México; considerando los componentes básicos de la seguridad alimentaria. Y como objetivos específicos:

1. Elaborar un diagnóstico de los 28 municipios con menor IDH de Chiapas.

2. Evaluar el impacto de las políticas públicas implementadas durante el periodo gubernamental 2000-2012, que se desarrollan en beneficio de la población residente en los municipios con menor IDH de Chiapas.

3. Determinar si la prevalencia de desnutrición en los municipios con menor IDH de Chiapas, representa un problema de salud pública en el estado.

4. Diseñar un Modelo de Seguridad Alimentaria y Nutricional para los municipios con menor IDH de Chiapas.

El análisis la seguridad alimentaria y nutricional en esta publicación, se realiza desde los cuatro componente básicos: Disponibilidad, Estabilidad, Acceso y control, Consumo y utilización biológica de los alimentos, planteados por la Organización para la Agricultura y la Alimentación (FAO) y el Instituto de Nutrición de Centro América y Panamá (INCAP); su enfoque metodológico considera la dimensión local e internacional; y, el fundamento jurídico se sustenta en acuerdos internacionales, Constitución Política de los Estados Unidos Mexicanos y planes de desarrollo.

La publicación se estructura en cuatro capítulos y una propuesta para la organización e intervención de acciones que atienda las exigencias de la seguridad alimentaria-nutricional en los municipios con menor IDH.

En el primer capítulo, se plantea el sustento teórico de las políticas públicas y la seguridad alimentaria, en el que se discute acerca de las políticas en general, haciendo notar las diferencias entre política, y políticas públicas. Asimismo, se destacan las políticas en seguridad alimentaria tanto a nivel mundial como local. También se analiza de manera general a la pobreza, su clasificación, así como la forma en que el Gobierno de México la mide. Igualmente, se abordan temas de marginación y desarrollo humano, se resalta la definición de seguridad alimentaria desde la visión de los componentes básicos planteados por el INCAP-FAO, los cuales son el eje central de esta publicación.

El segundo capítulo, muestra la situación en que se encuentra la seguridad alimentaria a nivel mundial, los acuerdos internacionales en la materia, así como el derecho a la alimentación. Aborda el tema de la población, su evolución e influencia en el incremento del hambre a nivel global. El tema de la desnutrición muestra el número de personas que están bajo esta situación en diferentes regiones del mundo; y en materia de seguridad alimentaria en México, se señalan las políticas y programas implementados. También se reflexiona acerca de las diversas causas que inciden en la seguridad alimentaria-nutricional, que afecta a individuos, familias, comunidades en la satisfacción de otros bienes y servicios. Finalmente se muestran indicadores de la evolución de la seguridad alimentaria, desde la óptica del Consejo Nacional de Evaluación (CONEVAL) y de la FAO, así como el análisis de cada componente básico de la seguridad alimentaria-nutricional en los 28 municipios con menor IDH de Chiapas.

En el tercer capítulo "Impacto de las políticas públicas en seguridad alimentaria en municipios con menor índice de desarrollo humano del estado de Chiapas, México, es donde se desarrolla el plan metodológico, en el cual se detalla las actividades y las fuentes de información para el análisis de la situación de la seguridad alimentaria-nutricional de los municipios con menor IDH en Chiapas. En las fuentes secundarias se citan documentos oficiales que se utilizaron en el análisis de cada componente básico. Para la obtención de información primaria se aplicó una encuesta a una muestra representativa de los municipios con menor IDH, para identificar los componentes básicos de la seguridad alimentaria: disponibilidad, acceso y control, y, consumo y utilización biológicas de los alimentos. En este mismo apartado, se describen las pruebas estadísticas realizadas para determinar la relación que guarda la desnutrición con otras variables de la seguridad alimentaria. En este mismo capítulo, se describen los resultados encontrados en los municipios estudiados para determinar el estado de la seguridad alimentaria, así como el impacto de las políticas implementadas en cada uno de sus componentes básicos. Además, se refleja el impacto de las políticas públicas en materia de nutrición, se plantean diversas formas de ver esta problemática mediante ejemplos reales utilizando datos encontrados en las fuentes primarias.

En el cuarto capítulo, se plasman las conclusiones a las que se llegaron, después del análisis y discusión de los hallazgos encontrados en la investigación, lo que derivó en recomendaciones, que de aplicarse, se espera incidan en beneficio de la seguridad alimentaria y nutricional de los habitantes de los municipios con menor IDH.

Finalmente, se presenta a nivel de propuesta, un modelo de Seguridad Alimentaria y Nutricional; éste refleja la importancia de crear una instancia que articule los cuatro componentes básicos, la organización de un Consejo Local, y la intervención de los actores involucrados (gobierno, sociedad, entre otros). Con este modelo, se busca promover y garantizar la seguridad alimentaria en los municipios con menor IDH.

CAPÍTULO 1

Políticas públicas, pobreza y seguridad alimentaria

Para el análisis de políticas públicas no existe un método universal, ni pasos concretos a seguir; éste puede realizarse desde el ámbito académico, empírico o la intuición. En la esfera académica, el fundamento teórico-metodológico y las implicaciones de la política tienen mayor importancia que los resultados obtenidos en la aplicación de la misma; para los actores involucrados en el diseño y aplicación (método empírico) este tipo de análisis trascenderá siempre que favorezca a sus objetivos, y será soslayado cuando estos se contrapongan a sus intereses; por su parte el método intuitivo lo realiza la sociedad cuando percibe los beneficios o la falta de atención a sus necesidades por las políticas públicas implementadas.

El diseño de las políticas públicas, es una actividad dinámica y varía en cada administración gubernamental, independientemente de sus niveles, además tienen áreas muy diversas, lo cual incrementa su complejidad. Por ello, los expertos en la materia sugieren se realice en equipos multidisciplinarios, con un perfil *ad hoc* al programa o al conjunto de actividades que atenderá cada política en particular.

Para que las políticas públicas alcancen sus propósitos, es imprescindible establecer una estrecha relación con el problema social a solucionar, ya sea atención a la salud, educación, empleo, vivienda, economía, seguridad, infraestructura, el combate a la pobreza, mitigación del hambre en las regiones que la padecen, entre otros. Los resultados deben reflejar mejoras en los indicadores específicos; por ello, es importante conocer las variables que están en juego en cada una de las políticas implementadas.

La inseguridad alimentaria, es un problema social que demanda políticas públicas eficientes, ya que es ancestral y multifactorial, por lo tanto, difícil de resolver. Su solución demanda el diseño y aplicación de diversas políticas para que en conjunto logren sus propósitos.

En el diseño y aplicación de políticas públicas, es indispensable considerar la existencia de los lineamientos internacionales que se consideran; si bien tienen un propósito en común, en muchas ocasiones no toman en cuenta el contexto, lo que limita al desarrollo de las regiones debido a sus características particulares. Bajo esta premisa, es difícil medir el impacto de las políticas públicas, sobre todo en países como México, donde las estructuras y prácticas institucionales, están determinadas por los intereses privados en un momento del tiempo, esto de acuerdo con la clasificación de Medellín[1]. A continuación se presenta esquemáticamente los elementos que están interrelacionados con la seguridad alimentaria y nutricional (ver imagen 1), mismos que se describen en los apartados siguientes.

---

1   Medellin, P. (2004). Clasifica a los países en tres tipos de acuerdo a su régimen político: a) *Países de régimen político tipo I o regímenes de obediencias fuerte*, b) *Países de régimen político tipo II o regímenes de obediencias medias* y c) *Países de régimen político tipo III o reg**ímenes de obediencias endebles***.

Imagen 1. La Seguridad Alimentaria y Nutricional en Chiapas

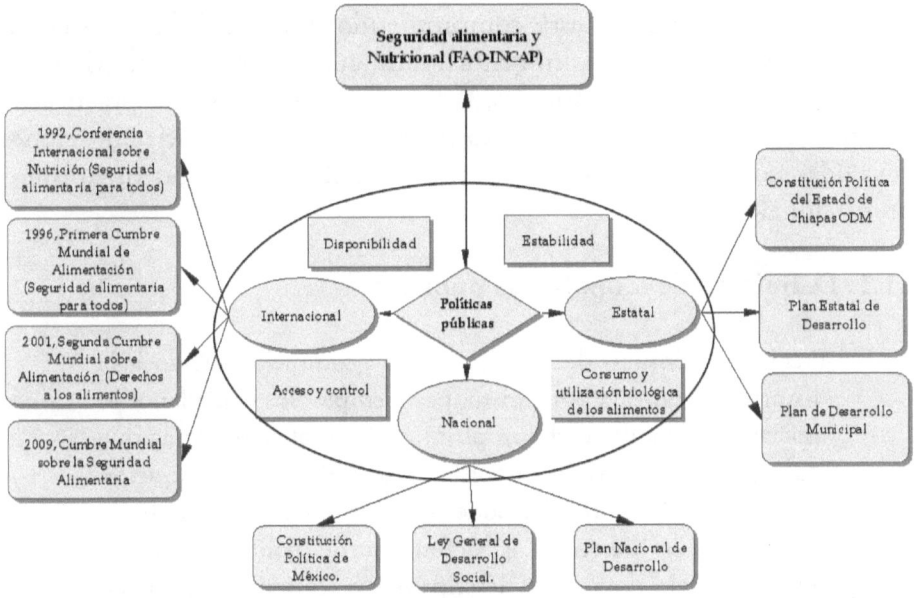

Fuente: Elaboración propia.

1.1. Políticas públicas

Las políticas públicas, son un conjunto de concepciones, criterios, principios, estrategias y líneas fundamentales de acción en las cuales la comunidad organizada como Estado decide hacer frente tanto a los desafíos, como a los problemas considerados de naturaleza pública, dicho en otras palabras: la política pública es toda acción de gobierno encaminada a entender o resolver un problema relativo al interés público (Sojo, E. 2006). Éstas además, expresan de manera concreta las formas institucionalizadas que rigen la interacción gubernativa entre la sociedad y el Estado (Medellin, P. 2004). También, debe tomarse en cuenta el régimen político, ya que no solo fundamenta la producción y estructuración de las políticas; sino que también, estampa un sentido normativo entre ambos (Medellin, P. 2004).

En este contexto, las políticas públicas se ven condicionadas por la herencia política que reciben los nuevos gobiernos; gran parte de su agenda y del presupuesto está comprometido por decisiones que en su momento asumieron las administraciones que le precedieron (Franco, R. y Lanzaro, J. 2006). Además, lidian con instituciones, prácticas y culturas burocráticas e instituciones preexistentes, enfrentar obligaciones contraídas con la sociedad civil, con otros gobiernos y con organismos internacionales.

1.1.1. Definición de las políticas públicas

Precisar el término de política es muy complejo, debido a la distorsión originada por su uso, por ejemplo, los ciudadanos lo asocian con regularidad con asuntos electorales, mientras que los expertos, la consideran como la actividad de organización y lucha por el control del poder –*politics* en inglés- (Roth, A. 2006). En la literatura, la definición de políticas públicas pueden ser de dos tipos: descriptivos y teóricos; la primera, debate si la política es asunto de la decisión gubernamental o implica algo más, y la segunda, considera la teoría politológica en que centran o justifican las políticas (Aguilar, L. 2007).

Las políticas públicas, son definidas como una disciplina social aplicada que emplea múltiples métodos de investigación, en contextos de argumentación y discusión de lo público. La mayoría de las definiciones generalmente se centran en la "decisión" del gobierno, que opta o no por aplicar (Dunn, W. 1994).

Para fines de esta publicación se considera a las políticas públicas como las directrices y acciones emprendidas por el gobierno en sus diferentes niveles (sustentadas teóricamente o no), a través de diversos programas ya sean de asistencia social, económica, infraestructura, entre otros.

1.1.2. Políticas públicas y su evaluación

El análisis de políticas públicas involucra su evaluación; por ello, no basta con creer que las políticas están bien diseñadas o si tienen las mejores intensiones de beneficiar a la sociedad, es necesario evaluar sus resultados para confirmar su efectividad. En este sentido, Bardach (2004) considera que el análisis de las políticas públicas es una actividad política (politics) y social, en donde se acepta la responsabilidad moral e intelectual por la calidad del trabajo analítico sobre el proceso de las políticas.

La evaluación se ocupa de recolectar, verificar e interpretar la información sobre la ejecución y eficacia de lo implementado, siendo una práctica seria con argumentos sólidos, que permite opinar de manera más acertada, acerca de los efectos de las acciones públicas. Además, constituye una herramienta para afrontar los retos de los gobiernos democráticos contemporáneos: *comprender* el comportamiento de la sociedad vista desde la acción pública, dicho en otras palabras, el impacto de las políticas públicas dirigidas a programas específicos; *comunicar* a la sociedad basado en una información confiable, sobre las acciones emprendidas y su impacto, con el propósito de avaluar sus actividades; y *controlar* las acciones que se emprenden (Majone, E. 1997).

Uno de los errores recurrentes de las dependencias gubernamentales cuando analizan políticas públicas, es ignorar sus implicaciones políticas. El análisis debería permitir elaborar políticas susceptibles de implementación y el estudio de factibilidad política es una de las vías para unir lo deseable con lo posible (Aguilar, L. 2007).

Por lo tanto, es necesario estar consientes de que la evaluación formula juicios sobre lo deseable de las políticas públicas o programas, e intenta determinar los valores que están detrás de sus objetivos (MacRae, D. 1985). Las formas de evaluar las políticas públicas son muchas y variadas, de ahí la existencia de numerosos modelos de evaluación.

Roth, A. (2006), considera que la idea que para evaluar las políticas públicas hay tres alternativas: la evaluación *ex antes*, la concomitante y la *ex post*. La primera también se le conoce como *a priori*, de factibilidad o prospectiva, la cual consiste en analizar una propuesta de ley, programa o proyecto para determinar los efectos de su implementación; la segunda es aquella que acompaña la puesta en marcha del proyecto o programa, es decir, controla el desarrollo de los procedimientos previstos, asimismo permite detectar problemas para poder hacer los ajustes a tiempo; la tercera (evaluación *expost*), tiene el propósito de obtener las experiencias para las decisiones futuras, es la más utilizada y mide los resultados de las políticas públicas existentes en un periodo dado. Su fortaleza metodológica, descansa en la utilización de los métodos cualitativos y cuantitativos, los cuales se apoyan en las ciencias sociales para hacer uso de la estadística, entrevistas, encuestas, análisis de informes y textos; esta evaluación en particular se consideró para alcanzar los objetivos de la presente publicación.

En México, la evaluación de las políticas de desarrollo social las realiza el CONEVAL y en el caso particular de la pobreza[2] la metodología empleada considera los espacios de bienestar económico y de los derechos sociales. La medición se realiza a través de la construcción del índice de rezago, combina y sintetiza numéricamente las diferentes dimensiones de la pobreza, expresándola cualitativamente en grados, a través de esta metodología, se determinó que Chiapas es la entidad federativa con mayor rezago social (CONEVAL, 2008).

1.1.3. Políticas públicas en seguridad alimentaria

La autosuficiencia, soberanía y seguridad alimentaria, son conceptos utilizados para referirse al papel que juega el Estado en la producción de alimentos y aseguramiento de su abasto. Estos conceptos manejados en política pública, no significan lo mismo cuando se utilizan en documentos académicos o de la sociedad civil, de ahí la importancia de destacar que no están acabados y el debate sobre ellos continúa (Ortiz, I. 2007).

En el Plan Nacional de Desarrollo 2007-2012, se inscribe la reducción de la pobreza extrema y el aseguramiento de la igualdad de oportunidades así como la ampliación de capacidades para que los mexicanos mejoren significativamente su calidad de vida, garantizando con ello su alimentación, salud, educación, vivienda digna y un medio ambiente adecuado para su desarrollo de acuerdo a lo establecido en la *Constitución Política de México*.

La Secretaría de Desarrollo Social establece que, el Programa Nacional incluirá, entre otros puntos: un diagnóstico nacional correspondiente al

---

2 El CONEVAL la clasifica en: pobreza alimentaria, pobreza de capacidades y pobreza de patrimonio.

desarrollo social,[3] con enfoque transversal e integral, haciendo especial referencia, entre otros, a los siguientes aspectos: a) Pobreza, marginación y vulnerabilidad; b) Educación; c) Salud; d) Alimentación; e) Vivienda; f) Generación de empleo e ingreso; g) Autoempleo y capacitación; h) Seguridad Social; i) Asistencia Social; j) Desarrollo regional; k) Infraestructura social básica; l) Fomento del sector social de la economía, y m) Los demás aspectos que se refieren el artículo 19 de la Ley.

En Chiapas, el Plan de Desarrollo Chiapas, 2001-2006, establece en uno de sus objetivos, la necesidad de mejorar la alimentación y el nivel nutricional de los sectores de la población con mayor riesgo de desnutrición, mediante el fortalecimiento de la cadena productiva y la cultura alimentaria regional. Las estrategias para dar cumplimiento a este objetivo, son:

- Conformar la Comisión de Seguridad Alimentaria y Nutricional, con la participación de los sectores público, social, y privado, para contribuir a elevar tanto el nivel alimentario como el estado nutricional de la población vulnerable, sobre todo de la población infantil.

- Fortalecer la producción, comercialización, conservación e inocuidad de alimentos, con el fin de rescatar la cultura alimentaria que permita el autoabastecimiento permanente y apoye a la economía familiar.

- Impulsar una planificación integral de atención prioritaria a las microrregiones, para mantener y mejorar el estado nutricional de la población vulnerable.

- Poner en marcha acciones de promoción y difusión que convoquen la participación e involucren a la mujer como trasmisora de información sobre alimentación y nutrición, debido al papel que tiene en la toma de decisiones familiares.

---

3   Reglamento de La Ley General de Desarrollo Social, Capítulo II, De la Política Nacional de Desarrollo Social, Sección I, De los Programas de Desarrollo Social, Artículo 12.

Se reconoce que la seguridad alimentaria en Chiapas, es uno de los grandes problemas por resolver en el mediano plazo y unas de sus principales causas son la pobreza, el desempleo y la insuficiencia de ingresos de los habitantes de localidades marginadas.[4]

Derivado de esto, nace la Agenda Chiapas-ONU Objetivos de Desarrollo del Milenio (ODM), como una política implementada por el Gobierno Estatal de la Administración 2007-2012, misma que refiere:

> *El propósito de consolidar muchos de los compromisos más importantes asumidos por separado en las cumbres y conferencias de las Naciones Unidas en la década de los 90; reconocer explícitamente la dependencia recíproca entre el crecimiento, la reducción de la pobreza y el desarrollo sostenible; considerar que el desarrollo se sustenta en la gobernabilidad democrática, el estado de derecho, el respeto de los derechos humanos, la paz y la seguridad; estos están basados en metas cuantificables con plazos y con indicadores para supervisar los progresos obtenidos; y combinan, en el octavo Objetivo, las responsabilidades de los países en desarrollo con las de los países desarrollados, sobre la base de una alianza mundial respaldada en la Conferencia Internacional sobre la Financiación para el Desarrollo celebrada en Monterrey, México, en 2002 y reafirmada en la Cumbre Mundial sobre Desarrollo Sostenible celebrada en Johannesburgo en agosto de 2002 (Agenda Chiapas-ONU, 2009).*

De los ocho objetivos y 21 metas cuantificables planteados en la Agenda, el Objetivo 1 (Erradicar la pobreza extrema y el hambre) está directamente relacionado con la seguridad alimentaria y establece lo siguiente:

Meta 1A: Reducir a la mitad entre 1990 y 2015 el porcentaje de personas con ingresos inferiores a un dólar.

1.1 Porcentaje de la población con ingresos inferiores a 1 dólar por día.

---

4   Plan de Desarrollo Chiapas Solidario 2007-2012, en su EJE 2. Desarrollo Social y Combate a la Desigualdad. 2.1 Desarrollo Social. 2.1.1. Seguridad Alimentaria.

1.2 Coeficiente de la brecha de la pobreza a 1 dólar por día.

1.3 Proporción del ingreso o consumo que corresponde a la quinta parte más pobre de la población.

Meta 1B: Alcanzar el empleo pleno y productivo y el trabajo decente para todos, incluidas las mujeres y los jóvenes.

1.4 Tasa de crecimiento del PIB por persona empleada.

1.5 Relación empleo-población.

1.6 Porcentaje de la población empleada cuyos ingresos son inferiores a 1 dólar por día (valores de PPA).

1.7 Porcentaje de trabajadores familiares por cuenta propia y aportadores en el empleo total.

Meta 1C: Reducir a la mitad, entre 1990 y 2015, el porcentaje de personas que padezcan hambre.

1.8 Prevalencia de niños menores de 5 años con peso inferior a lo normal.

1.9 Porcentaje de la población por debajo del nivel mínimo de consumo de energía alimentaria (subnutrición).

1.2. Pobreza

La pobreza, es uno de los problemas ancestrales de la humanidad, y el resultado de procesos sociales y económicos de cada los país, principalmente de aquellos en vías de desarrollo (Espíndola, E. y Nieves, M. 2009). Por lo tanto, es el reflejo de la inequidad y desigualdad de oportunidades entre los habitantes de una región o nación. Si bien el combate a la pobreza es central en la lucha contra el hambre, no puede esperarse que los esfuerzos destinados a reducirla aseguren por sí solos y en un plazo razonable erradicar la desnutrición infantil (León, A. y Cols. 2004).

En México, la presencia de carencias asociadas a cada uno de los espacios impone una serie de limitaciones específicas que atenta contra la libertad y la dignidad de las personas, la presencia simultánea de carencias agrava de forma considerable sus condiciones de vida, lo que da origen a la definición de pobreza multidimensional (DOF, 2010).

En este contexto, para erradicar la pobreza no basta que una región del mundo o país tenga una economía estable si no se garantiza la distribución adecuada de los recursos económicos, físicos y naturales.

1.1.2. Definición de pobreza

La pobreza, es considera como un fenómeno multidimensional, por ello hay diversas definiciones y formas de medirla. Tradicionalmente se ha definido como privación material, y se mide mediante el ingreso o el consumo del individuo o la familia, en este caso, se habla de pobreza extrema o pobreza absoluta cuando el ingreso no es suficiente para satisfacer las necesidades de alimentación básica. También existe la definición de pobreza general o relativa, expresada en la falta de ingreso para satisfacer tanto lo "alimentario básico" como lo "no alimentario básico": vestido, energía y vivienda (PNUD, 2010). En este sentido, el modo de concebir y medir la pobreza es de gran importancia para definir las políticas tendientes a superarla (Espinosa, E. y Nieves, M. 2010).

1.2.2. Clasificación de la pobreza

En México, el CONEVAL por mandato de la *Ley General de Desarrollo Social* (LGDS), es quien realiza la medición de la pobreza, toma como base la pobreza multidimensional, considera al menos los siguientes indicadores: ingreso corriente *per cápita*, rezago educativo, acceso a los servicios de salud, acceso a la seguridad social, calidad y espacios de la vivienda, servicios básicos en la vivienda, acceso a la alimentación y el grado de cohesión social. Con el análisis de estas dimensiones, este organismo pretende profundizar en su estudio, ya que además de medir los ingresos, analiza las carencias sociales desde la óptica de los derechos sociales.

Esta clasificación de pobreza, incorpora tres aspectos de las condiciones de vida de la población: el bienestar económico, los derechos sociales y el contexto territorial. De acuerdo con esta concepción, una persona se considera en situación de *pobreza multidimensional* cuando sus ingresos son insuficientes para adquirir los bienes, los servicios que requiere para satisfacer sus necesidades pero que además presenta carencia en al menos en uno de los siguientes seis indicadores: rezago educativo, acceso a los servicios de salud, acceso a la seguridad social, calidad, así como espacios de la vivienda, servicios básicos en la vivienda y acceso a la alimentación.

A su vez la pobreza multidimensional se subdivide en dos: la *moderada* que es cuando una población presenta una o dos carencias sociales, y la *extrema*, cuando existen tres o más carencias sociales y su ingreso es insuficiente para cubrir sus necesidades de alimentación, aun si dedicaran todo su ingreso para ese fin. Bajo esta perspectiva el CONEVAL establece tres tipos de pobreza:

a) **Pobreza alimentaria.** Es la incapacidad para obtener una canasta básica alimentaria, aun si se hiciera uso de todo el ingreso disponible en el hogar en comprar sólo los bienes de dicha canasta. Algunos estudiosos la consideran como pobreza extrema, reflejando las condiciones más vulnerables de los tres tipos de pobreza.

b) **Pobreza de capacidades.** Es la insuficiencia del ingreso disponible para adquirir el valor de la canasta alimentaria así como los gastos necesarios en salud y educación, aun dedicando el ingreso total de los hogares nada más que para estos fines.

c) **Pobreza de patrimonio.** Es la insuficiencia del ingreso disponible para adquirir la canasta alimentaria, así como realizar los gastos necesarios en salud, vestido, vivienda, transporte y educación, aunque la totalidad del ingreso del hogar fuera utilizado exclusivamente para la adquisición de estos bienes y servicios.

1.2.3. Indicadores relacionados con la pobreza

La marginación en la que viven las personas que padecen pobreza es evidente, esta se ve reflejada en la carencia de servicios básicos y en sus viviendas, por ello el índice de marginación es un indicador que permite identificar de manera acertada a grupos de población que sufren esta situación; otro de los indicadores es el índice de desarrollo humano, el cual considera los niveles de escolaridad de la población, el estado salud y los servicios básicos con los que cuentan. Estos indicadores se describen a continuación.

1.2.3.1. Marginación

La marginación es considerada como una condición diferenciada que imposibilita acceder y disfrutar en igualdad de circunstancias, tanto de los beneficios, como de los logros alcanzados por el país o la entidad. Genera formas e intensidades de exclusión asociadas a la clase, territorio y situación étnica. En otras palabras, es un fenómeno estructural originado en el patrón histórico de desarrollo, expresa la dificultad para propagar el progreso técnico en el conjunto de la estructura productiva así como en las regiones de un país, por otro lado, la exclusión de grupos sociales del proceso de desarrollo y del disfrute de sus beneficios (CONAPO-PROGRESA, 1998).

En México existe el **índice de marginación**, medida que permite diferenciar entidades federativas y municipios según el impacto global de las carencias de la población, como resultado de la falta de acceso a la educación, la residencia en viviendas inadecuadas, la percepción de ingresos monetarios insuficientes y las relacionadas con la residencia en localidades pequeñas. Se expresa cualitativamente en cinco grados: Muy alto, Alto, Medio, Bajo y Muy bajo (CONAPO, 2005).

Las dimensiones utilizadas para medir la marginación son: **Educación** (porcentaje de Población de 15 años o más analfabeta y el porcentaje de población de 15 años o más sin primaria completa), **Vivienda** (porcentaje de ocupantes en viviendas sin drenaje ni excusado, porcentaje de ocupantes en viviendas sin energía eléctrica, porcentaje de ocupantes en viviendas sin agua entubada en el ámbito de la vivienda, porcentaje de ocupantes en viviendas con algún nivel de hacinamiento, porcentaje de ocupantes en viviendas con piso de tierra), **Distribución de la población** (porcentaje de la población en localidades con menos de 5 mil habitantes) e **Ingresos monetarios** (porcentaje de población ocupada con ingresos hasta dos salarios mínimos).

1.2.3.2. Desarrollo humano

Es difícil contar con una medida que capture adecuada e integralmente la compleja realidad que el paradigma del desarrollo humano busca aprehender. No obstante, el IDH es una medida innovadora y útil que pone de manifiesto que el bienestar y el ingreso no son dimensiones equiparables (CONAPO, 2000).

Unos de los precursores del desarrollo humano en las últimas décadas, es el PNUD, el cual ha reflexionado sobre los fenómenos que influyen en el bienestar como en la calidad de vida de la población. El PNUD, entre otras cosas ha propiciado debates en la temática con el propósito de brindar propuestas que contribuyan a un desarrollo humano con equidad. La propuesta conceptual-metodológica denominada IDH, ha sido el punto de partida para la medición en la mayoría de los países, además en el curso de una década, el PNUD ha incorporado otros índices, como son: el de Desarrollo relativo al Género (IDG), el Índice de Potenciación de Género (IPG) y el Índice de Pobreza Humana (IPH), (CONAPO, 2000).

A grandes rasgos, el IDH clasifica a los países en tres grupos para su estudio: país con desarrollo humano **alto** (IDH $\geq$ 0,8); país con desarrollo humano **medio** (0,5 $\leq$ IDH < 0,8) y con desarrollo humano bajo (IDH < 0,5). En esencia, se trata de un indicador compuesto, comparable internacionalmente, que combina:

1. La longevidad (medida mediante la esperanza de vida al nacer).

2. El logro educacional (a través de la alfabetización de adultos y la matrícula combinada de varios niveles educativos).

3. El nivel de vida, mediante el PIB per cápita anual ajustado (paridad del poder adquisitivo en dólares).

A pesar de que el IDH fue diseñado para tener un referente de las condiciones de vida a nivel de países, en la actualidad se utiliza a nivel municipal e inclusive de localidad, y ha sido de gran utilidad, ya que los gobiernos lo han adoptado como un indicador que permite conocer las condiciones de vida a través de un incremento o pérdida de los bienes para cubrir sus necesidades básicas y complementarias, además de propiciar un entorno de respeto a los derechos humanos (PNUD, 2009).

1.3. Seguridad alimentaria

Los factores condicionantes de la seguridad alimentaria son múltiples, generalmente están asociados con otras variables como la estabilidad económica, la pobreza, la marginación, las fuentes de empleo, la tenencia de la tierra, entre otras, ocasionando un panorama de incertidumbre alimentaria, que se manifiesta en la disponibilidad, estabilidad, acceso y control de los alimentos, en consecuencia en consumo y utilización biológica de los alimentos, lo cual convierte a ciertas regiones o entidades de los países que podría desencadenar riesgos de salud en sus habitantes.

En este sentido, la seguridad alimentaria debe garantizarse a nivel nacional, dando prioridad a las minorías, debido a su vulnerabilidad y exposición a múltiples enfermedades por mala alimentación o desnutrición, principalmente en niños y niñas menores de cinco años de edad, así como mujeres embarazadas de zonas marginadas, que en su mayoría tienen la particularidad de ser indígenas.

1.3.1. Definición de seguridad alimentaria

Para hacer referencia a la seguridad alimentaria existen varios conceptos relacionados, mismos que llegan a ser utilizados como sinónimos en las políticas públicas implementadas, por lo tanto términos como: "autosuficiencia, soberanía o seguridad alimentaria, no están acabados y el debate sobre ellos continúa" (Ortiz, A. y Cols. 2005).

La sociedad civil organizada ha contribuido a la redefinición de estos conceptos. En el foro de Organismos No Gubernamentales (ONG) para la seguridad alimentaria, realizado en Roma durante la Cumbre Mundial sobre la Alimentación 2002, se argumentó que ésta sólo será posible cuando las naciones y los pueblos ejerzan su derecho, lo cual implica que la sociedad participe en la definición de políticas y estrategias de producción, distribución, acceso y consumo, garantizando con ello una nutrición adecuada (Ortiz, A. y Cols. 2005).

Para el INCAP (2002), la **Seguridad Alimentaria Nutricional** es "el estado en el cual, todas las personas gozan, en forma oportuna y permanente, del acceso a los alimentos, en cantidad y calidad, para su adecuado consumo y utilización biológica, garantizándoles un estado de bienestar que coadyuve a su desarrollo". En este contexto, este concepto debe abordarse según los niveles de desarrollo humano, dentro de la escala territorial, lo que puede considerarse como seguridad alimentaria para un grupo o región puede no serlo para otra. La seguridad alimentaria vista desde sus cuatro componentes básicos, es muy compleja de concebirla, pero si se analiza desde esta perspectiva, se tienen mayores posibilidades de garantizarla.

1.4. Componentes básicos de la seguridad alimentaria

La FAOb (2010), considera que para estudiar la seguridad alimentaria tanto a nivel mundial como local es necesario hacerlo desde sus cuatro componentes básicos: disponibilidad de alimentos, estabilidad, acceso y control, consumo y utilización biológica de los alimentos, mismos que son definidos como:

a) *Disponibilidad. A nivel local o nacional, tiene en cuenta la producción, las importaciones, el almacenamiento y la ayuda alimentaria. Para sus estimaciones se han de tener en cuenta las perdidas postcosecha y las exportaciones.*

b) *Estabilidad. Se refiere a solventar las condiciones de inseguridad alimentaria transitoria de carácter cíclico o estacional, a menudo asociadas a las campañas agrícolas, tanto por la falta de producción de alimentos en momentos determinados del año, como por el acceso a recursos de las poblaciones asalariadas dependientes de ciertos cultivos. En este componente juegan un papel importante, la existencia de almacenes o silos en buenas condiciones, así como la posibilidad de contar con alimentos e insumos de contingencia para las épocas de déficit alimentario.*

c) *Acceso y control sobre los medios de producción (tierra, agua, insumos, tecnología, conocimiento…) y a los alimentos disponibles en el mercado. La falta de acceso y control es frecuentemente la causa de la inseguridad alimentaria, y puede tener un origen físico (cantidad insuficiente de alimentos debido a varios factores, como son el aislamiento de la población, la falta de infraestructura...) o económico (ausencia de recursos financieros para comprarlos debido a los elevados precios o a los bajos ingresos).*

d) ***Consumo y utilización biológica.*** *Se refiere a que las existencias alimentarias en los hogares respondan a las necesidades nutricionales, a la diversidad, a la cultura y las preferencias alimentarias. También hay que tener en cuenta aspectos como la inocuidad de los alimentos, la dignidad de la persona, las condiciones higiénicas de los hogares así como la distribución con equidad dentro del hogar.*

En general se considera que las políticas públicas son parte fundamental para lograr que la mayoría de la sociedad perciba el beneficio tanto en lo individual como en lo colectivo siendo partícipe en su diseño y aplicación en la medida de lo posible. El debate se ha dado por sus resultados, centrándose en las normas y estructuras gubernamentales que los operan y dan seguimiento; por ello, en la búsqueda de la solución a los problemas sociales, deben considerarse programas sociales más eficaces así como la capacitación de recursos humanos que en ellas participan.

Por último, para tomar dediciones acertadas en materia de políticas públicas, es necesario formar un equipo multi y transdisciplinario que busque el beneficio colectivo e individual, es decir, un grupo de personas que posea elementos políticos, teóricos, y empíricos sobre los problemas que aquejan a la sociedad, con el propósito de distribuir eficazmente los recursos disponibles.

CAPÍTULO 2

El estado de la seguridad alimentaria

En los años posteriores a la segunda guerra mundial, notables economistas del mundo proyectaron un crecimiento acelerado de la población en relación a la producción de alimentos, situación que generaría un déficit en su disponibilidad y accesibilidad; este hecho considerado como un verdadero problema de insuficiencia de productos de consumo, es el antecedente universal del concepto de seguridad alimentaria.

El concepto de seguridad alimentaria se retoma como política social hasta la Conferencia Internacional sobre Nutrición, en 1992, bajo el lema "seguridad alimentaria para todos", y posteriormente en la Primera Cumbre Mundial sobre la Alimentación en 1996. Uno de los acuerdos principales asumidos por los países en esta cumbre, fue el compromiso de garantizar alimentos para todos, de manera puntual menciona: *"Prometemos consagrar nuestra voluntad política y nuestra dedicación común y nacional a conseguir la seguridad alimentaria para todos y a realizar un esfuerzo constante para erradicar el hambre de todos los países, con el objetivo inmediato de reducir el número de personas desnutridas a la mitad de su nivel actual no más tarde del año 2015"* (FAO, 1996). Sin embargo, en estudios recientes la FAO (2010) reconoce que la reducción del número de personas que padecen hambre es lenta y que, de mantenerse la tendencia actual, la meta establecida en la Cumbre Mundial se logrará hasta el 2030.

En la Segunda Cumbre Mundial (2001), se reafirmó el compromiso de reducir el hambre y se convocó a la formación de una alianza internacional para acelerar la acción encaminada a reducir este flagelo mundial. Uno de los logros más notables, fue la convocatoria para integrar un grupo intergubernamental de trabajo que elabore directrices de carácter voluntario con la finalidad de alcanzar gradualmente el cumplimiento del derecho a los alimentos. Otro logro importante, planteaba revertir la disminución general del presupuesto destinado a la agricultura y desarrollo rural de los países pobres, con ayuda proporcionada por los países desarrollados, préstamos tanto de las instituciones financieras internacionales como de las contribuciones voluntarias al Fondo Fiduciario de la FAO para la Seguridad Alimentaria e Inocuidad de los Alimentos. Asuntos especiales de reflexión para abatir la hambruna fueron: la necesidad de inversión del sector privado para desarrollar infraestructura productiva, simultáneamente con la ausencia de conflictos y las luchas por el poder (PNUD, 2001).

En 2009, en la Cumbre Mundial sobre la Seguridad Alimentaria, los líderes mundiales por unanimidad establecieron el compromiso de *erradicar el hambre a nivel mundial, de forma permanente a la mayor brevedad posible*. Acordaron también *trabajar para invertir la tendencia a la baja de los fondos nacionales e internacionales para la agricultura y promover nuevas inversiones en el sector, mejorar la gobernanza de las cuestiones alimentarias a nivel mundial en asociación con los sectores público y privado, y a enfrentar de forma activa los desafíos que el cambio climático pueda causar a la seguridad alimentaria* (FAO, 2009).

En este contexto, los retos que los países tienen para garantizar la seguridad alimentaria, los obliga a buscar estrategias para contrarrestar los fenómenos que inciden de manera directa en ella; como es el crecimiento acelerado de la población, alza de precios de alimentos, cambio climático, el incremento de desastres naturales, y la falta de políticas públicas adecuadas para abatir esta problemática.

2.1. La seguridad alimentaria a nivel mundial

La población mundial a pesar de la disminución en la tasa de natalidad, ha seguido creciendo, a tal grado que de 1950 al 2011 la población se duplicó; las cifras oficiales en la actualidad reportan 7,000 millones de personas en el mundo, y el mayor crecimiento se observa en los países pobres, lo que incrementa las necesidades básicas insatisfechas y dentro de ellas la alimentación ocupa los primeros lugares.

La inseguridad alimentaria se refleja en altas cifras de morbilidad, de mortalidad, baja capacidad productiva, bajo rendimiento escolar, inapropiado aprovechamiento de los recursos existentes y en general mala calidad de vida.

2.1.1. El Derecho a la alimentación

Debido a que la alimentación es esencial para la vida, se ha establecido en la mayoría de las constituciones políticas de los países, el **derecho a una alimentación sana** que favorezca el desarrollo humano; sin embargo, éste se ha visto transgredido por la falta de disponibilidad y acceso de alimentos.

El derecho a la alimentación, ha originado la formulación y ejecución de políticas públicas que velen por su cumplimiento, obligando al Estado y entidades a respetar y garantizarlo a través de medidas legislativas (OPS,2009); sin embargo, la seguridad alimentaria y el objetivo de alimentos para todos, no solo es voluntad y/o decisión del Estado, también depende del número de personas que lo demanda (Trueba, I. 2002).

Debido a las adversidades que existen para garantizar el **derecho a la alimentación**; es imprescindible que las políticas diseñadas hagan efectivo los resultados contemplado en el Artículo 11 del Pacto Internacional de Derechos Económicos, Sociales y Culturales (OACNUDH, 2011); obligando con ello, a que los países sean eficaces para responder a esa demanda sin ningún tipo de discriminación, de manera que los alimentos estén disponibles, sean accesibles y aceptables para la población.

2.1.2. La población mundial

Uno de los factores que influyen en el hambre a nivel mundial y en la seguridad alimentaria, es el número de personas que existen en un momento dado en el planeta y su evolución futura (Trueba, I. 2002). En 2010, el 13.4% de la población mundial padece subnutrición, dato alarmante ya que para el 2050 se proyecta un crecimiento poblacional del 100% en algunos países (UNFPA, 2010). Para contribuir a la solución de esta problemática, los gobiernos y sus entidades tienen que formular políticas integrales que contribuyan a reducir el crecimiento de la población y el déficit de alimentos con el propósito de garantizar mejores niveles de vida.

De los 7 mil millones de personas existentes en el mundo, se estima que el 18% habita en regiones más desarrolladas y 82% en regiones menos desarrolladas[5], de hecho en Asia y África vive el 75% de la población mundial. África tiene una tasa media anual de crecimiento de 2.3 por lo que el Fondo de Población de las Naciones Unidas estima que, para el 2050 se duplicará su población. Para el resto de los continentes, se estima de acuerdo a sus tendencias un crecimiento mínimo (UNFPA, 2010), una visión general de la población mundial se aprecia en la imagen 2.

Imagen 2. Población mundial, 2008.

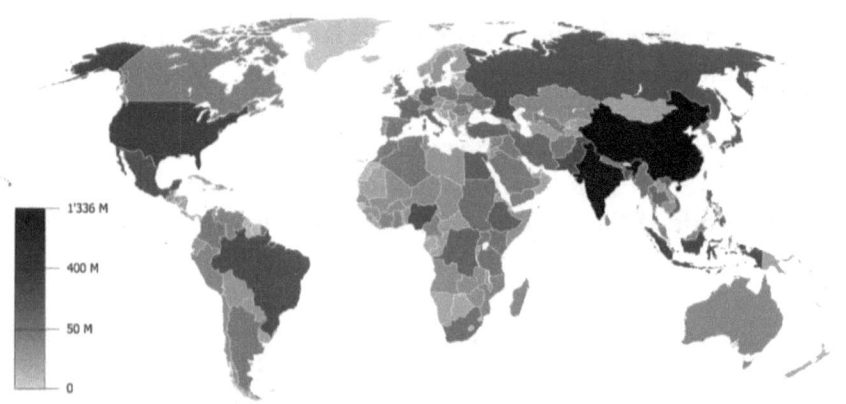

Fuente: Free Software Fundation, Inc. November de 2008.

2.1.3. Producción, consumo y comercio de alimentos

La FAO, estima que la producción de alimentos ha crecido en la mayoría de las regiones del mundo, aún cuando los países industrializados y países como Brasil, Federación de Rusia, India y China, mostraron poco crecimiento. Las dos regiones que presentaron mayor crecimiento en la última década fueron: Europa Oriental y América Latina; sin embargo, la primera no logró mantener su producción ascendente debido a las condiciones meteorológicas (sequía) en los dos últimos años (ver gráfica 1).

---

5   Clasificación realizada por la División de Población de las Naciones Unidas.

Los factores que limitaron el crecimiento en algunas regiones del mundo, son las condiciones meteorológicas desfavorables y la crisis económica de 2009; esta última, se vio reflejada principalmente en la reducción y estancamiento de las exportaciones de alimentos. Durante las últimas décadas, la producción de alimentos ha crecido más rápidamente que la población, pero se prevé que en los próximos años éste disminuya, sin que ponga en riesgo la oferta de alimentos a nivel mundial (FAOa, 2010).

A pesar de que los índices de producción en el mundo muestran en general un incremento; en los últimos diez años la región de Asía, Oceanía y Japón ha tenido inestabilidad; a tal grado que, de ser la región con mayor índice de producción en el 2000, pasó a ocupar la penúltima posición en el 2010 (ver gráficos del 1 al 4).

De acuerdo a los datos de la producción de alimentos a nivel mundial, actualmente hay suficiencia de abasto; sin embargo, la forma de distribución es inequitativa en cada región del mundo, lo que genera grandes problemas de acceso a los productos alimenticios.

Gráfico 1. Índices de la producción de alimentos de las regiones de América del Norte, América Latina y el Caribe, 2000-2010

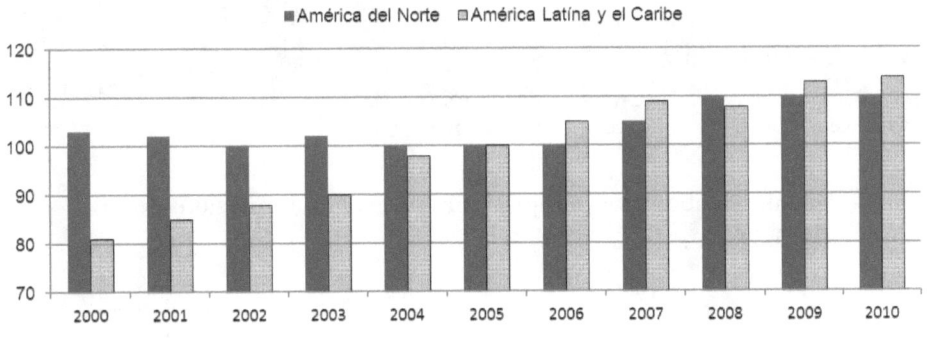

Fuente: Elaboración propia, con base en información de la FAO, 2010".

Gráfico 2. Índices de la producción de alimentos de las regiones de Europa Occidental y Europa Oriental, 2000-2010

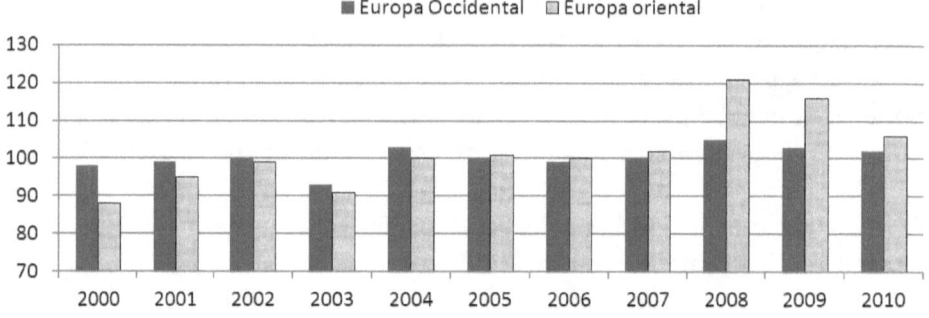

Fuente: Elaboración propia, con base en información de la FAO, 2010".

Gráfico 3. Índices de la producción de alimentos de las regiones del Cercano Oriente y África del Norte, y África Subsariana, 2000-2010

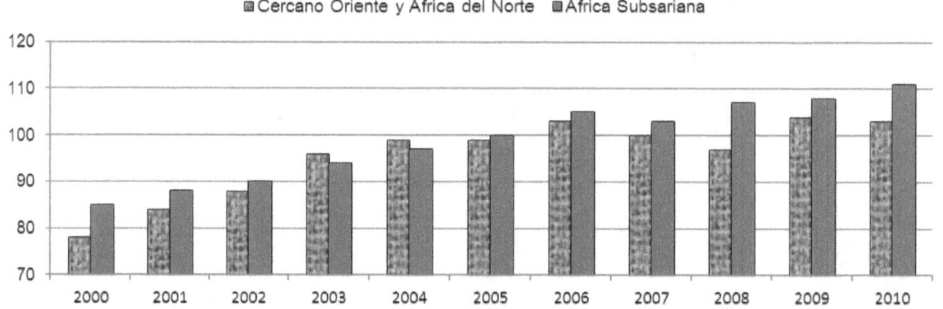

Fuente: Elaboración propia, con base en información de la FAO, 2010".

Gráfico 4. Índices de la producción de alimentos de las regiones de Asía, Oceanía y Japón, 2000-2010

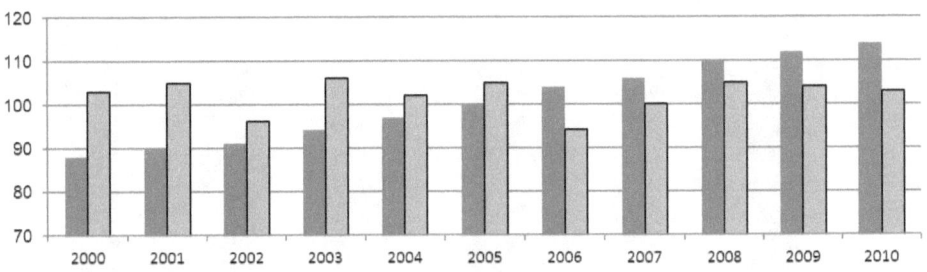

Fuente: Elaboración propia, con base en información de la FAO, 2010".

Los volúmenes de exportación en la mayoría de las regiones se estancaron en la década 2000-2010. Sin embargo en este periodo, Europa Oriental incrementó sus exportaciones en 350% y las regiones de América Latina y el Caribe casi las duplicaron, convirtiéndose en un proveedor importante de alimentos en los mercados mundiales (FAOb, 2010).

Por otra parte, las importaciones de alimentos también incrementaron en las regiones del mundo, con excepción de América del Norte y Oceanía, las cuales se estancaron. Destacan Asia en el periodo 2000-2010 registrando un incremento del 75% en los volúmenes de las importaciones netas y África Subsahariana con más del 60%.

Los datos de la FAO, indican que el consumo de alimentos per cápita medidos en kilocalorías (Kcal) también ha incrementado, en el periodo 1960-1969 era de 2,358 (Kcal), para 1980-1989 ascendió a 2,655 (Kcal), con este comportamiento se espera que para el 2015 se alcancen las 2,940 (Kcal) y para el año 2030 las 3,050 (Kcal). Sin embargo esta tendencia de crecimiento, no elimina la inequidad en la distribución de alimentos (ver gráfico 5).

Gráfico 5. Consumo per cápita de alimentos a nivel mundial, 1964-66 al 2030

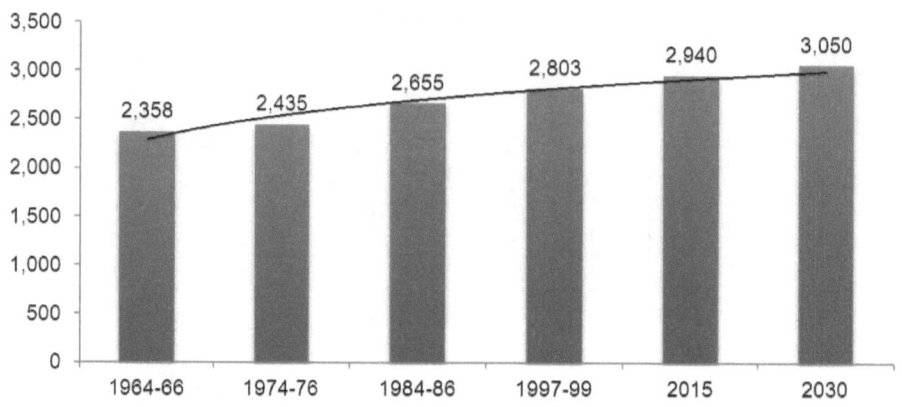

Nota: los datos muestran el número de Kilocalorías

Fuente: Elaboración propia, con base en estimaciones de la FAO, 2010.

2.1.4. Subnutrición

Por subnutrición se entiende a la condición de las personas cuyo consumo alimentario se sitúa permanentemente por debajo de las necesidades mínimas de energía para llevar una vida sana y realizar una actividad física liviana con un peso corporal mínimo aceptable para la talla alcanzada. Bajo este concepto, el número de personas subnutridas en el mundo pasó en el periodo 1990-1992 al 2010 de 843.4 a 925 millones de personas, respectivamente (ver gráfico 6).

Gráfico 6. Población Subnutrida en el mundo, América Latina y el Caribe, 1990-1992 al 2010 (millones de personas)

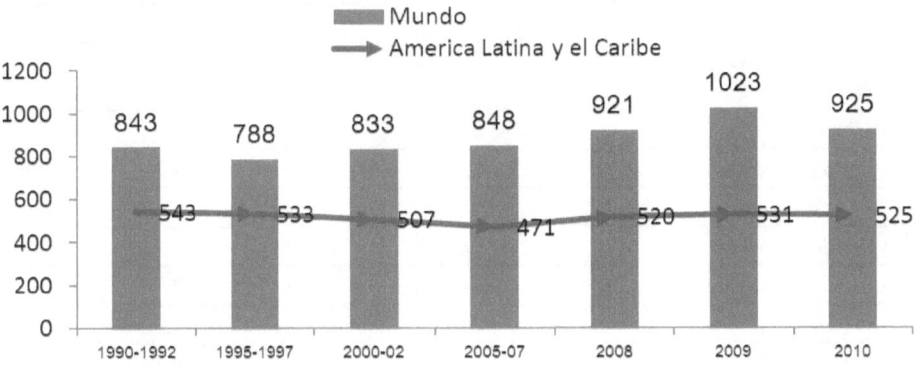

Fuente: elaboración propia, con base en datos de la FAO, 2010.

La mayor parte del incremento de la población que padece subnutrición se presentó en los países de África subsahariana y Asia de Sur, en tanto que la comunidad de Estados Independientes (Asia y Europa) presentó una disminución durante el periodo analizado (ver cuadro 1).

Cuadro 1. Número de personas subnutridas en el Mundo (millones)

Grupos de países	1990-1992	1995-1997	2000-2002	2005-2007
ODM (ONU) clasificación regional				
MUNDO	**843.4**	**787.5**	**833.0**	**847.5**
Mundo en Desarrollo	**817.2**	**760.8**	**805.2**	**829.4**
África del Norte	5.0	5.4	5.6	6.1
África Subsahariana	166.3	189.0	203.2	202.5
América Latina y Caribe	54.3	53.3	50.7	47.1
Asia Oriental	215.6	149.8	142.2	139.5
Asia Oriental (sin China)	*5.5*	*8.0*	*9.1*	*9.1*
Asia del Sur	262.9	264.7	300.3	343.9
Asia del Sur (sin India)	*90.5*	*102.0*	*99.7*	*106.2*
Asia Sudoriental	105.4	85.7	88.9	76.1
Asia Occidental	7.2	12.2	13.4	13.5
Comunidad de Estados Independientes	**16.7**	**17.9**	**19.0**	**9.6**
Comunidad de Estados Independientes, Asia	10.9	9.2	12.4	7.1
Comunidad de Estados Independientes, Europa	5.8	8.8	6.6	2.6
Regiones Desarrollados	**7.2**	**6.7**	**6.3**	**6.5**
Países en transición de Europa del sudeste	2.3	2.0	2.5	1.9
Agrupaciones oficiales				
Países menos adelantados	211.4	250.4	249.9	247.8
Países sin litoral en desarrollo	90.2	101.7	102.3	96.8
Pequeños Estados insulares en desarrollo	8.4	9.6	8.4	9.1

Fuente: Elaboración propia, con base en información de la FAO.

En el año 2010 el número de personas subnutridas en el mundo disminuyó en 98 millones con respecto a 2009; esta reducción se atribuye principalmente a la existencia de un entorno económico favorable (especialmente en los países en desarrollo), y a la caída de los precios nacionales e internacionales de los alimentos desde 2008. Cabe resaltar que el 40% de la población que habita en países en desarrollo padece esta problemática (166 millones de personas); lo que representa, cerca del 20% de la población subnutrida en el mundo (FAOc, 2010).

De acuerdo con las proyecciones de la FAO, para el año 2015 el número de personas subnutridas disminuirá en todas las regiones del mundo, aún cuando en algunos países esta reducción sea mínima. En este contexto, en la Región de las Américas, el Programa Regional de Seguridad Alimentaria y Nutricional de Centroamérica (PRESANCA), considera que el retardo en la talla para la edad, como indicador para la desnutrición crónica, es el problema más prevalente en los países de esta región (Belice, Costa Rica, El Salvador, Guatemala, Honduras, Nicaragua, Panamá y República Dominicana)[6]; debido a la variabilidad entre ellos, por ejemplo la prevalencia en Guatemala está por encima del 50% mientras que en Costa Rica alcanza el 7.6% (FAOd, 2010).

En términos generales, el PRESANCA estima que el 50% de la población residente en la región centroamericana, padece algún grado de desnutrición, consecuencia directa de la inseguridad alimentaria y nutricional de los habitantes con poca educación y bajo nivel socioeconómico en zonas rurales e indígenas.

La FAO considera que debe prestarse atención a los países con **crisis prolongadas**, es decir "aquellos entornos en que una proporción importante de la población es muy vulnerable a la muerte, la enfermedad y la interrupción de los medios de subsistencia durante un periodo de tiempo prolongado". Las variables comunes en estos países son: pobreza, conflictos armados, administraciones públicas deficientes y sistemas de medios de subsistencia insostenibles, pero su principal manifestación social es la inseguridad alimentaria (FAOc, 2010).

2.2. La seguridad alimentaria en México

Actualmente en México la seguridad alimentaria se sustenta jurídicamente en el Artículo 4° de la Constitución Política de México en

---

6   Aunque República Dominicana no forma parte de Centroamérica, está dentro del PRESANCA.

donde se establece, *Todos los niños y las niñas tienen derecho a la satisfacción de sus necesidades de alimentación, salud, educación y sano esparcimiento para su desarrollo integral.* Para cumplir este deber, el Gobierno estableció en el Plan Nacional de Desarrollo (2007-2012), *Promover el desarrollo sano e integral de la niñez mexicana garantizando el pleno respeto a sus necesidades de salud, alimentación, educación y vivienda, y promoviendo el desarrollo pleno de sus capacidades.* Así mismo instituye, *Impulsar la creación de múltiples opciones para la recreación y el entretenimiento para toda la sociedad mexicana.*

Desde el año 1922, en México se han puesto en marcha políticas y programas orientadas abatir la desnutrición; entre estos destacan: Subsidio a la producción, Comités reguladores de mercado, Abasto popular, Subsidio a programas del campo, Subsidio al consumo, Desarrollo Integral de la Familia (DIF), Sistema Alimentario Mexicano (SAM), Programa Nacional Alimentario (PRONAL) y el Proyecto Estratégico de Seguridad Alimentaria (PESA). Las acciones que destacan son: la implementación de desayunos escolares, adquisición de maquinaria agrícola, préstamos a productores y el control de precios de artículos de primera necesidad (Barquera S, y col. 2001). Aun cuando las políticas implementadas han aportado experiencias para hacerlas más eficientes, es inadmisible que en la actualidad aún se presenten problemas en algunos indicadores de seguridad alimentaria.

2.2.1. Indicadores de seguridad alimentaria en México

La FAO publicó en 2010, los indicadores de seguridad alimentaria para México, clasificados en seis grupos: I. Carencia de alimentos y consumo alimentario, II. Indicadores de producción alimentaria, III. Indicadores de comercio alimentario, IV indicadores macro y socio económicos, V. Indicadores agrícolas, VI. Salud, indicadores de de nutrición y saneamiento.

El primer grupo, muestra en sus indicadores que: **a)** la necesidad mínima de energía alimentaría (NMEA) oscila entre 1,860 y 2,360 kcal/persona/día, lo que muestra un déficit alimentario alto de la población mexicana; **b)** una composición dietética de 62.2% de carbohidratos, 6.3% de proteína vegetal, 5.1% de proteína animal y 26.4% de grasa. Los principales productos alimenticios consumidos son: harina de maíz

(32.0%), azúcar refinado (13.9%), harina de trigo (7.8%), carne de cerdo (3.6%) y harina de soya (3.3%). Estos valores en lo general, son muy cercanos a las recomendaciones técnicas de la OMS; sin embargo, para los grupos minoritarios muestran serias deficiencias en el consumo de proteínas y carbohidratos.

El segundo grupo, muestra el rol de la producción nacional con respecto al consumo. Para atender la demanda la producción alcanza a cubrir el 108.4% de harina de maíz 106.2% de azúcar refinado y 105.6% de harina de trigo; es decir si la población tuviera acceso a estos productos se garantizaría plenamente su abasto, sin necesidad de importaciones; por otra parte la producción de carne de cerdo y aceite de soja solo cubren el 82.8% y el 77.3% respectivamente; lo que significa un déficit en estos productos.

El tercer grupo, se refiere al comercio exterior neto, con respecto al PNB total. Para México esta relación da como resultado un -0.4%; es decir la importación de productos principales es mayor que las exportaciones de los mismos. El porcentaje de las importaciones en el consumo de los productos principales, es 0.4% para la harina de maíz, 5.3% azúcar refinado, 2.1% harina de trigo, carne de cerdo 17.3% y aceite de soja con un 30.6% lo que muestra una dependencia aún en los productos donde existe sobreproducción.

Para el cuarto grupo, los indicadores macro y socioeconómicos estiman una población total de 106.409 millones de personas, una densidad de 55 personas por km², y una concentración del 76.6% de la población en zonas urbanas. Otro indicador que corresponde a este grupo es el de desigualdad en el acceso a los alimentos y al ingreso; para 2008, el indicador Gini (de ingreso) es de 52%, y el índice de precios al consumidor en los alimentos (base=2000) es de 134.1%, lo que muestra la desigualdad en cuanto al ingreso de los mexicanos y la pérdida del poder adquisitivo de los alimentos.

El quinto grupo, se refiere a "Indicadores agrícolas". En este grupo se reporta una producción agrícola nacional de 1,851 (miles de t) de carne vacuna, 2,476 mil de carne de aves (miles de t), leche entera y fresca de vaca 10,101 (miles de t), huevos de gallina 2,202 (miles de t), maíz 21,582 (miles de t), cifra insuficiente para atender la demanda de la población mexicana. Otros factores que afectan a los indicadores agrícolas son la escasa fuerza de trabajo destinada a este sector (18.2% en 2007) con respecto a la fuerza de trabajo total; el bajo porcentaje (23%) de la tierra cultivable con irrigación con respecto al total, en los principales productos; la relación de fertilizantes/tierra cultivable de 63.5 (kg nutr/ HA); y los tractores/tierra cultivable de 8.9 (no/1000 HA).

En el sexto grupo, el indicador más importante es el estado nutricional de los niños, el cual refleja el impacto de la seguridad alimentaria, principalmente en el componente "Consumo y utilización biológica de los alimentos". Tomando en consideración que según la FAO el crecimiento retardado promedio es de -2 d.e. o más; y el sobrepeso de +2 d.e., o más, para el periodo 2005-2007 se observa un 13.0% de la población infantil en el primer indicador y de 7.6% en el segundo. Otro indicador es el estado nutricional de adultos, para el cual no se reportó datos durante el periodo de análisis, es decir, no existe información relacionada con la insuficiencia ponderal en bajo peso ni en obesidad. Para el 2008 se observa que la expectativa o esperanza de vida al nacimiento es de 75 años, la tasa de mortalidad en menores de cinco años es de 17 niños (por mil nacidos vivos) y la tasa de mortalidad infantil (0-1 años) es de 15 (por mil nacidos vivos), el acceso a agua segura (15%), acceso a saneamiento adecuado (85%).

En términos generales los datos presentados por este organismo, identifican claramente carencias en la seguridad alimentaria para México, según muestran los indicadores, sin embargo para la región sureste del país éstos muestran mayor deterioro.

2.2.2. Carencia por acceso a la alimentación

En el 2008, el CONEVAL determinó que la pobreza multidimensional extrema incluye a cerca de 11.2 millones de mexicanos, una enorme porción de la población si se considera que no alcanzan a cubrir sus necesidades básicas de alimentación, aún si destinaran todos sus ingresos para este fin. Este tipo de pobreza afecta con mayor intensidad a niños, niñas y adultos mayores, como se observa en los gráficos 7 y 8 respectivamente.

Gráfico 7. Situación de pobreza de la población total en México, 2008

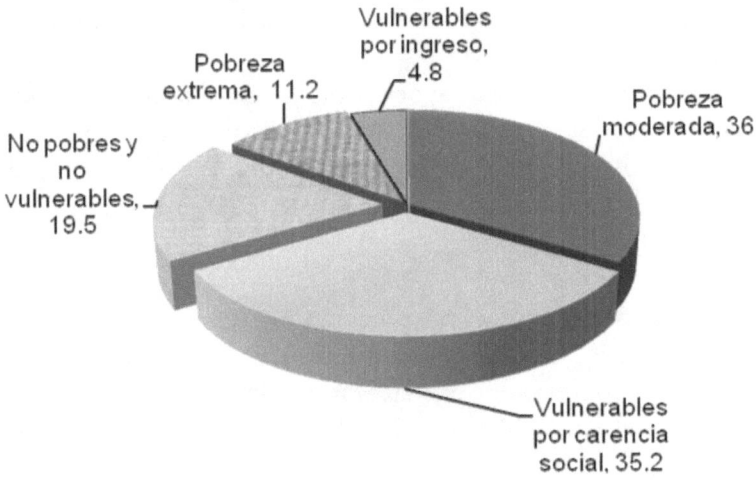

Nota: cifras en millones de personas

Fuente: Elaboración propia, con base en la estimación del CONEVAL, 2008.

Gráfico 8. Población mexicana en pobreza multidimensional, por grupos poblacionales, 2008

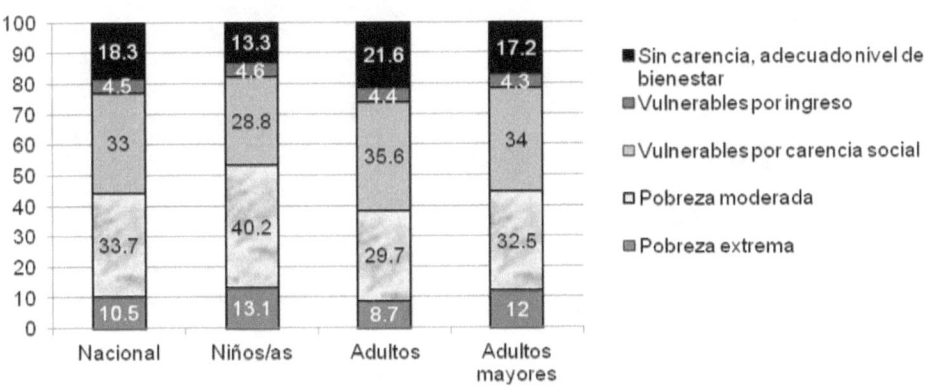

Fuente: Elaboración propia, con base en la estimación del CONEVAL, 2008.

De los 35 millones de personas que padecen carencias sociales en México el 64.4% no tiene acceso a la seguridad social; 40.7% a los servicios de salud, 21.6% a la alimentación y el 21.7% presentan rezago educativo, además de grandes limitaciones en los servicios básicos en la vivienda.

Las entidades que presentan mayor problema en el acceso a los alimentos se encuentran en los estados del sur, principalmente Chiapas, Oaxaca y Guerrero; con porcentajes por encima del 30% de su población, destacando que las entidades vecinas guardan un escenario similar (CONEVAL, 2008).

También se observa que los porcentajes de personas que sufren pobreza alimentaria, tiende a disminuir; sin embargo, de acuerdo al comportamiento observado en las cifras del último quinquenio, se espera que para el año 2030 aún el 15% de los mexicanos padezcan esta situación (ver gráfico 9).

Gráfico 9. Tendencia de la pobreza alimentaria en México, 1992-2008

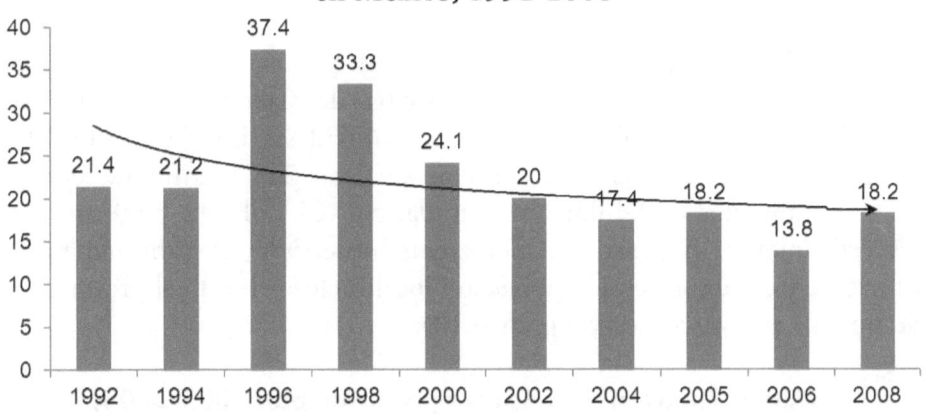

Fuente: Elaboración propia, con base en la estimación del CONEVAL, 2008.

Para lograr la seguridad alimentaria y nutricional sostenible en México, es necesario integrar acciones promovidas en sus cuatro componentes básicos, además de procurar condiciones ambientales adecuadas para su logro y sostenibilidad; de lo contrario, individuos, familias y comunidades seguirán viéndose afectados no solo en la satisfacción de sus necesidades alimentarias, sino también educativas, sanitarias y de acceso a otros bienes y servicios (Delgado, H. 2003).

2.3. La seguridad alimentaria en Chiapas

Este apartado analiza la situación de la seguridad alimentaria en los 28 municipios con menor IDH Considerando los cuatro componentes básicos. A través de cifras se presenta la realidad de la entidad y se busca identificar la situación de esta problemática en particular.

2.3.1. Disponibilidad de alimentos

Se analiza este componente usando datos de producción para el periodo 2000-2008 en los municipios identificados con mayores carencias, así mismo se incluyen los apoyos gubernamentales y aspectos sociodemográficos como elementos que contribuyen a garantizar o no la disponibilidad de alimentos. Las estadísticas en el estado solo reporta producción para aves de corral, bovino, porcino, leche de bovino y huevo, maíz, frijol, frutas y verduras, mismos que se describen a continuación.

El sacrificio de aves de corral (gallináceas y guajolotes), creció para el periodo de análisis a una Tasa Media de Crecimiento Anual de (TMCA) de 13.76%. Destacan por la cantidad sacrificada en 2008 los municipios de Maravilla Tenejapa con 430 mil 263 sacrificios, seguido de los municipios de Chilón y Chamula, con 64 mil 192 y 49 mil 099 respectivamente. A pesar del incremento observado, la cantidad no es suficiente para abastecer a la población local incluso si todo el producto se destinara a este mercado (ver gráfico 10).

**Gráfico 10. Sacrificio de aves por mnicipio, 2003-2008;
en los 28 municipios con menos IDH**

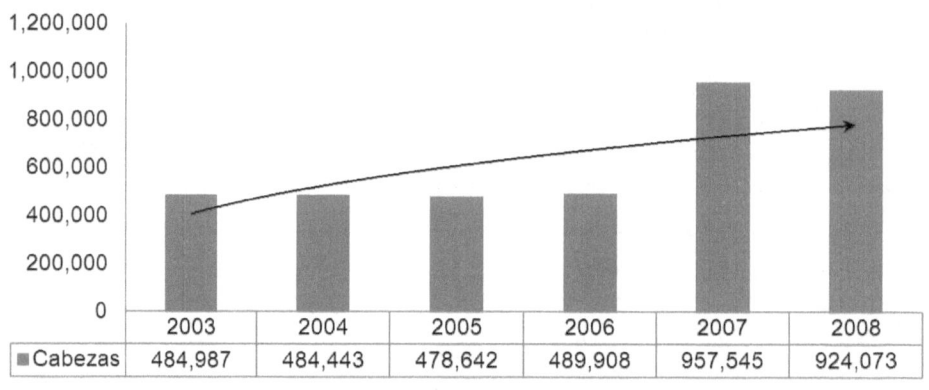

Fuente: Elaboración propia, con base en los Anuarios Estadísticos del INEGI.

En el periodo antes mencionado, el número de cabezas de porcinos en sacrificio también mostró un ascenso pero a una TMCA menor, al crecer solo el 6.0 %. La mayor cantidad de sacrificios se observa para el año 2008 en los municipios de Chilón con 32 mil 446 cabezas, seguido de Maravilla Tenejapa con 7 mil 760, Salto de Agua con 4 mil 167, Tumbalá con 3 mil 604, Sabanilla con 2 mil 564 y Marqués de Comillas con 1 mil 210; el resto de los municipios, presenta un sacrificio inferior a 1 mil cabezas anuales (ver gráfico 11).

Gráfico 11. Sacrificio de ganado pocino, 2003-2008; en los 28 municipios con menos IDH

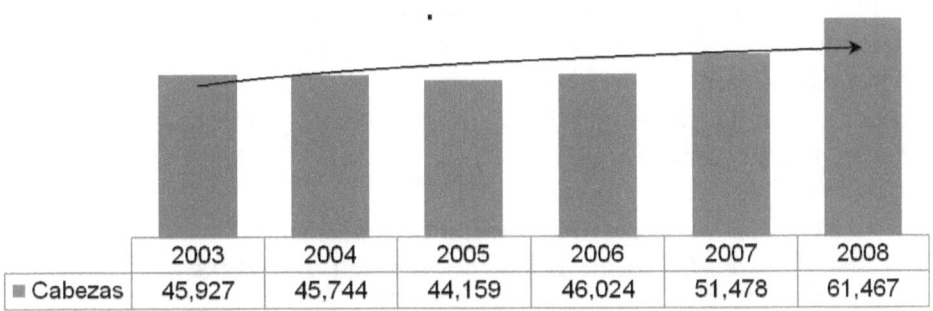

	2003	2004	2005	2006	2007	2008
■ Cabezas	45,927	45,744	44,159	46,024	51,478	61,467

Fuente: Elaboración propia, con base en los Anuarios Estadísticos del INEGI.

Para el mismo periodo el sacrificio de bovinos muestra un crecimiento apenas perceptible a una TMCA 1.68%. En el 2008, los principales municipios de acuerdo a los sacrificios realizados son Chilón y Salto de Agua, con 12 mil 588 y 10 mil 597 cabezas, respectivamente. Los municipios de Francisco León, Marqués de Comillas, Maravilla Tenejapa, Amatán, Huitihupán y Sabanilla, oscilan entre 5 mil y 1 mil cabezas unidades, el resto de los municipios están por debajo de 1 mil por año (ver gráfico 12).

Gráfico 12. Sacrificio de ganado bovino por municipio, 2003-2008; en los 28 municipios con menos IDH

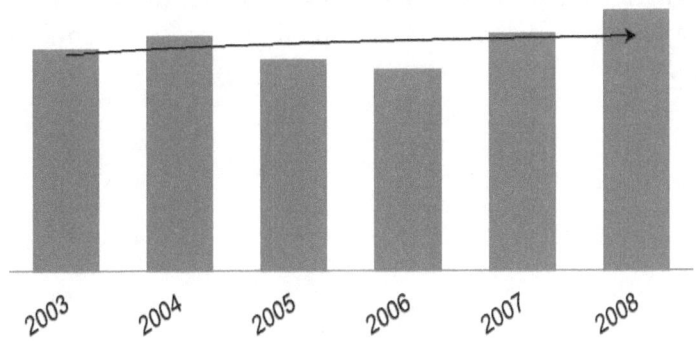

Fuente: Elaboración propia, con base en los Anuarios Estadísticos del INEGI.

Para los 28 municipios, la disponibilidad de carne de porcinos y bovinos, se estima en 23, 022 t de carne en 2008. Se considera que si todo este volumen de productos cárnicos se consumiera en los municipios analizados, sus habitantes comerían aproximadamente 100 g diarios (sin considerar la carne de aves); sin embargo, es evidente que buena parte no es consumida de manera local, principalmente por la falta de recursos para adquirirlo (ver cuadro 2).

Cuadro 2. Producción de carne en los municipios con menor IDH, 2008

Producción de carne	
Bovinos y porcinos	23'022,030 kg.
Gallináceas y guajolotes	9'240,730 pza.

Fuente: Elaboración propia, con base en los Anuarios Estadísticos del INEGI, 2008.

La producción de leche de bovino ha mostrado un descenso, quizás como producto del incremento en el número de cabezas sacrificadas, para el periodo de análisis registra una TMCA de -0.61%, por esta disminución se observada en 2008 una producción inferior a la reportada en 2003. La mayor producción se observa en los municipios de Salto de Agua, Chilón, Francisco León y Amatán, ya que han producido 9 millones 177 mil litros, 3 millones 387 mil, 3 millones 143 mil y 1 millones 804 mil litros, respectivamente. La producción de este alimento en los 28 municipios es muy baja con respecto al total estatal y solo representa el 3% (ver gráfico 13).

Gráfico 13, Serie histórica de la producción de leche de bovino, 2003-2008; en los 28 municipios con menos IDH

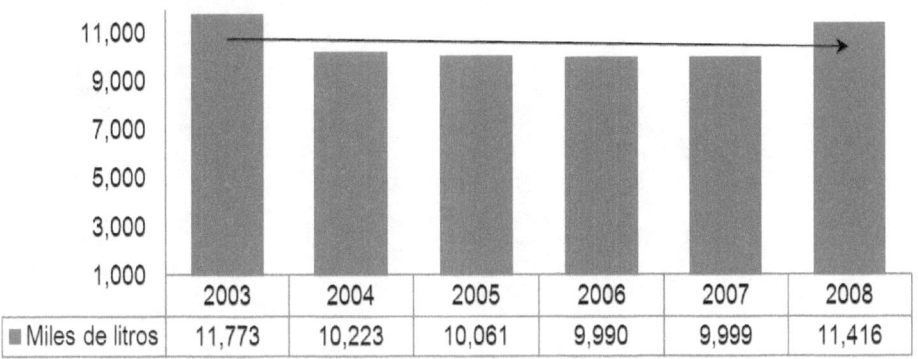

Fuente: Elaboración propia, con base en los Anuarios Estadísticos del INEGI.

Al igual que en el consumo de carne, la cantidad de leche en la zona es muy baja (11,416 M lts). Si toda la producción se consumiera localmente, únicamente alcanza para 1 vaso de leche de 250 ml cada 5 días por habitante (ver cuadro 3).

En la región de estudio la producción de huevo para plato presenta una disminución más drástica al presentar una TMCA de -1.74 %. En 2008 se produjeron 891 t, de éstas, 23.2% lo aporta el municipio de Chilón, 10.7% Ocotepec, 6.2% Tumbalá, 5.8% Chamula; el resto de los municipios aportan el 54.1%. Cabe señalar, que los municipios de Aldama, Santiago el Pinar, San Andrés Duraznal y Maravilla Tenejapa, no reportan producción. Al igual que los productos anteriores la cantidad es insuficiente para abastecer la demanda local ya que solo alcanza para proveer un consumo promedio de dos piezas mensualmente (ver gráfico 14).

Gráfico 14. Serie histórica de la producción de huevo para plato, 2004-2008; en los municipios con menos IDH

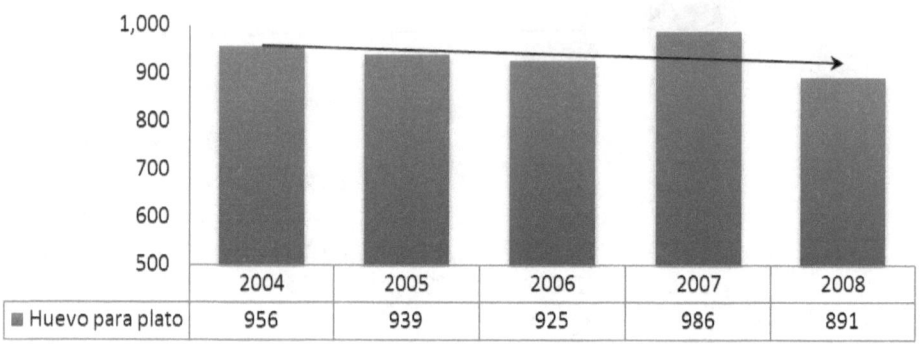

	2004	2005	2006	2007	2008
Huevo para plato	956	939	925	986	891

Fuente: Elaboración propia, con base en los Anuarios Estadísticos del INEGI.

Cuadro 3. Producción de leche y huevo en los municipios con menor IDH. 2008

Producción	Cantidad
Leche de bovino	11,416 M. lts.
Huevo para plato	891 t. (14'850,000 pzas.)

Fuente: Elaboración propia, con base en el Anuario Estadístico 2008, INEGI.

En la producción agrícola, es muy importante el maíz, por ser el principal insumo en la alimentación de la población de éstos municipios. A pesar de que la cantidad producida de este alimento presenta altibajos en el periodo 2000-2008, se estima que la TMCA es de 0.72%, un ligero ascenso promedio en 7 años (ver gráfico 15). Los principales productores son los municipios de Salto de Agua con el 36%, Chilón 31.3%, Zinacantán 13.2%, Chamúla 10.9% y Huitihupán 8.6%, estos cinco municipios producen prácticamente el total de la región.

Gráfico 15. Serie histórica de la producción de maíz, 2000-2008; en los 28 municipios con menos IDH (en toneladas)

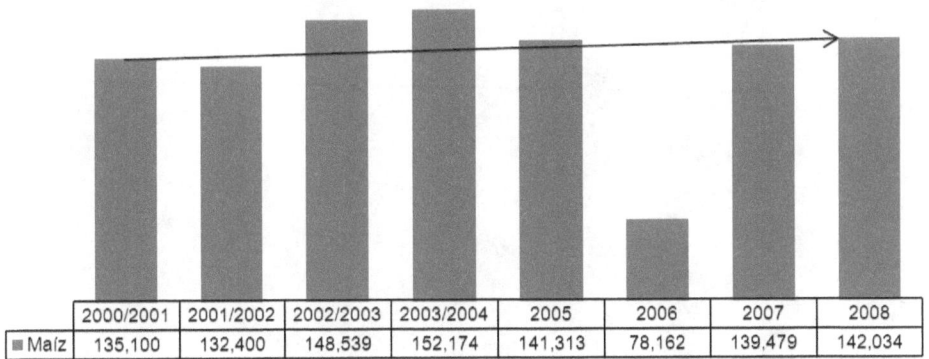

	2000/2001	2001/2002	2002/2003	2003/2004	2005	2006	2007	2008
■ Maíz	135,100	132,400	148,539	152,174	141,313	78,162	139,479	142,034

Fuente: Elaboración propia con base a los Anuarios Estadísticos del.

Referente al cultivo de frijol, su producción muestra una TMCA de 2.42%. Chilón, es el municipio con mayor superficie cosechada, al destinar 4 mil 180 hectáreas para su producción, seguido de los municipios de Marqués de Comillas, Huitihupán, Sabanilla, Salto de Agua, Oxchuc y Tumbalá, con promedios de 2 mil 757 ha. Francisco León, es el municipio con menor superficie cosechada de este alimento con 20 ha, seguido de 36 y 39 en Aldama y Mitontic, respectivamente.

La producción de frijol, también muestra una tendencia positiva en lo referente a las hectáreas cosechadas, al incrementarse 18.23% durante el periodo 2000-2008 (ver gráfico 16). Estas cifras indican que, a pesar de mostrar un incremento, aún no es suficiente para abastecer la demanda en estos municipios, sobre todo si se considera que es un cultivo de temporal además le afectan otros factores como la inestabilidad de los precios y el crecimiento poblacional.

Gráfico 16. Serie histórica de la producción de frijol, 2000-2008; en los 28 municipios con menor IDH

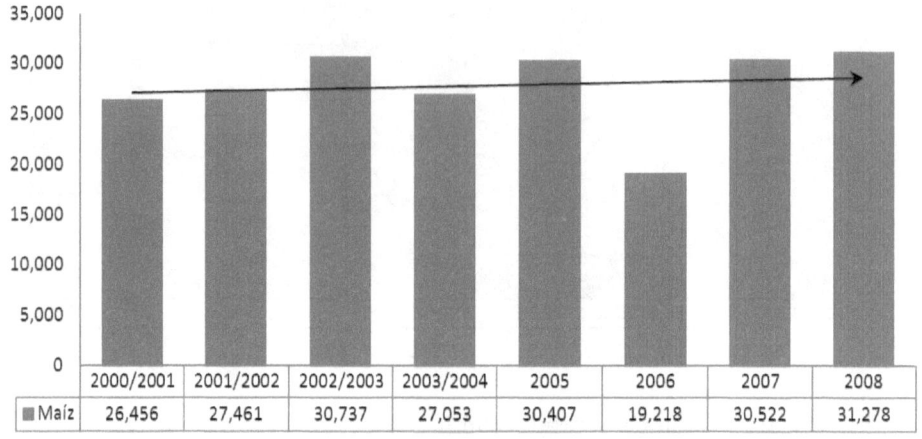

	2000/2001	2001/2002	2002/2003	2003/2004	2005	2006	2007	2008
■ Maíz	26,456	27,461	30,737	27,053	30,407	19,218	30,522	31,278

Fuente: Elaboración propia con base a los Anuarios Estadísticos del INEGI.

Nota: Cantidades representadas en superficies cosechadas.

A pesar de no disponer de una serie histórica sobre el comportamiento de algunos alimentos; se identificó el volumen de producción respectiva para algunos años o periodos, con el propósito de tener un referente acerca del comportamiento general que presentan estos productos en estos municipios.

De manera particular en 2008, destacan: los municipios de Chamula, Larrainzar, Chenalhó y Zinacantán, como los únicos productores de papa; la producción de plátano ocurre en los municipios de Ocotepec, Pantelhó, San Juan Cancúc, Chalchihuitán, Chenalhó y Aldama.

La producción de naranja en el ciclo 2003-2004, alcanzó las 225 toneladas en Salto de Agua; asimismo, en Chalchihuitán, Chenalhó y Chilón, reportaron 181, 161 y 125 toneladas respectivamente; los municipios de Pantelhó, Tumbalá, Mitontic, Amatenango del Valle, Tenejapa, San Juan Cancúc y Larrainzar también reportan volúmenes pero éstos son inferiores a 80 toneladas.

Para 2005 el cultivo de aguacate, ciruela y repollo se reportaron por única ocasión en los municipios de Tenejapa y Chenalhó, con superficies de 8 y 7 hectáreas cosechadas. Para este mismo año, la producción de otros alimentos se vio reflejado exclusivamente en algunas regiones; destacan: el Perón (184.8 t/año), Tejocote (6.4 t/año), Trigo grano (42 t/año), Caña de azúcar otro uso (840 t/año), Piña (1,160.00 t/año), Tomate verde (140 toneladas/año) Arroz palay (489.6), Macadamia (27.53 t/año), Palma africana o de aceite (6,574 t/año), Cacao (370 t/año), Calabaza (semilla) o chihua (163 t/año), y Chile verde (77.01 t/año).

2.3.2. Estabilidad

Para el análisis de este componente se consideró la superficie cosechada de cultivos cíclicos a nivel estatal 2008, la cual asciende a 864 mil 497 hectáreas, de éstas el 98.5% son de temporal y únicamente el 1.5% son de riego; lo que muestra la vulnerabilidad de la producción al depender de las condiciones de lluvias; por otro lado, la falta de inversión en sistemas de riego para producir granos básicos, los municipios en estudio representan el 16.4% de la superficie total cosechada.

Otro elemento de análisis como parte de este componente básico fue la existencia de almacenes o silos en buenas condiciones, así como la posibilidad de contar con alimentos e insumos de contingencia para las épocas de déficit alimentario. En este sentido, los únicos almacenes rurales disponibles en Chiapas son propiedad de la Compañía Nacional de Subsistencias Populares (CONASUPO, S.A.-Diconsa, actualmente dependiente de la Secretaría de Desarrollo social-), ubicados en Tuxtla Gutiérrez y Tapachula. Los 26 Almacenes además de recibir maíz y apoyar al Programa de Apoyo Alimentaria (PAL), distribuyen abarrotes, sales rehidratantes, Champú contra piojos, preservativos y ácido fólico, en zonas rurales. A pesar de que se busca apoyar a familias de escasos recursos en zonas rurales, en diversas ocasiones el acceso es difícil y no logran recibir el beneficio de estos servicios públicos.

Las condiciones bajo las cuales se almacenan los alimentos destinados a las localidades beneficiadas con programas sociales de nutrición, no son de buena calidad; en muchas ocasiones los alimentos empaquetados en bolsas de plástico como la soya texturizada, arroz, frijol, avena, azúcar, entre otros, son deterioradas por roedores y los enlatados (atún, sardinas) están en riesgo de descomposición por las altas temperaturas concentradas en estas instalaciones. Las condiciones descritas no garantizan la conservación adecuada de alimentos y en las instalaciones no se considera el almacenamiento de reservas adicionales para los casos de contingencia.

2.3.3. Acceso y control

Este componente se integra con el análisis de variables socioeconómicas y demográficas. Se observa que para 2009, Chiapas posee el 3.7% del territorio nacional, cuenta con el 4.2% de la población total nacional, está dividido en 118 municipios, tiene una densidad de 65 personas por km², la TMCA es de 2.47%, el 34% de la población son niños de 0 a14 años de edad, la distribución poblacional es del 49% urbana y 51% rural, el 27% de su población es hablante de lengua indígena, 18 de cada 100 personas de 15 años y más no saben leer ni escribir, 73.5% dispone de agua entubada dentro de su vivienda; el 83.4% tiene drenaje en su vivienda, y el 95.9% cuanta con energía eléctrica (INEGI, 2010).

En los 28 municipios de estudio, el 85.7% de la población es indígena, el promedio de hijos por mujer oscila entre 5 a 6 y los ocupantes en viviendas con piso de tierra es el 67% aproximadamente. Estas características sociodemográficas ubican a estos municipios como de muy alta marginación, condición que indica la vulnerabilidad de sus habitantes (INEGI, 2010).

A pesar de que algunos municipios chiapanecos son clasificados con desarrollo humano "Medio", éstos poseen los IDH más bajos de la República Mexicana, medidos con este indicador, el 23.7% de los municipios de la entidad se ubican en los últimos lugares a nivel nacional, debido a las altas tasas de mortalidad infantil, alto porcentaje de personas de 15 años o más analfabetas, bajo porcentaje de personas de 6 a 24 años que van a la escuela y el ingreso per cápita reducido.

Un elemento importante de este componente es el poder adquisitivo de las familias; y éste se identificó a través del costo mensual de la Canasta Básica Alimentaria (CBA) en término *per cápita*. En México el costo de la canasta básica en términos reales ha incrementado considerablemente en el periodo 2006-2010, en las zonas urbanas subió 30.19% al pasar de $757.08 a $985.61 y de 32.59% en zonas rurales al variar de $525.95

a $697.36 (índice nacional de precios al consumidor base 2010). Para 2010 el salario mínimo fue de $54.47 en para zonas geográficas "C", el costo diario de la CBA es $32.9 para las zonas urbanas y $25.5 para las rurales, lo que significa distraer el 65.8% y 53.7% de un salario mínimo respectivamente para adquirirla.

El poder adquisitivo, es una variable que está relacionada con el desempleo de la población, en consecuencia otro factor que incrementa el problema. A pesar de que los datos oficiales muestran una tasa de desempleo del 2.9 para Chiapas (INEGI 2008), en las localidades marginadas es más alta, ya que los empleos son escasos además de mal remunerados. Lo anterior reduce considerablemente la posibilidad de ingresos para adquirir una CBA, lo que trae como resultado un incremento en la desnutrición, principalmente en niños menores de cinco años y mujeres embarazadas.

Los problemas relacionados con la agricultura en estos municipios también se ven reflejados en falta de apoyos, cambios bruscos de temperatura, inestabilidad de los precios, entre otros factores, hacen que las condiciones nutricionales se agraven, ya que las familias se ven obligadas a comprar alimentos y no a producirlos como se espera.

2.3.4. Consumo y utilización biológica

Este componente hace referencia a la existencia de alimentos en los hogares, satisfacción de necesidades nutricionales, diversidad, cultura y preferencias alimentarias. También considera aspectos como la inocuidad de los alimentos, distribución equitativa según las características de cada individuo, higiene de la vivienda y el buen uso de sus espacios. En particular, este componente refleja la seguridad alimentaria.

Los datos para el análisis se obtuvieron de los mapas de pobreza estatal y municipal, con el propósito de conocer la evolución de las condiciones de pobreza de la población. Se identificó que en el año 2000 Chiapas es la entidad con mayor porcentaje de población en pobreza alimentaria, ya que el 53.3% de sus habitantes se encontraba en situación. En el 2005, este escenario no mostró cambios significativos, ya que algunos municipios presentaron altos porcentajes: Santiago el Pinar con 84.0%, San Juan Cancuc 83.7%, Chanal 83.1%, Chalchihuitán 81.4%, Oxchuc

81.3%, Tenejapa 81.0%, Huixtán 8.06%, Aldama 80.1%, Pantelhó 78.8% y Tumbalá con el 78.1% (CONEVAL, 2008).

De 2000 a 2005 la pobreza alimentaria a nivel estatal disminuyó de 53.3% a 47%, sin embargo, a nivel municipal se identificó retroceso en los municipios de: San Juan Cancuc (-28.4%), Sabanilla (-14.7%), Pantepec (-11.9%), Pantelhó (-8.5%), Zinacantán (-7.9%), Aldama (-7.8%), Chalchihuitán (-5.6%), Chenalhó (-4.3%), Mitontic (-1.1%) y Chamula (-1.1%); ver gráfico 17.

Gráfica 17. Pobreza alimentaria en los municipios con menor IDH de Chiapas, 2000-2005

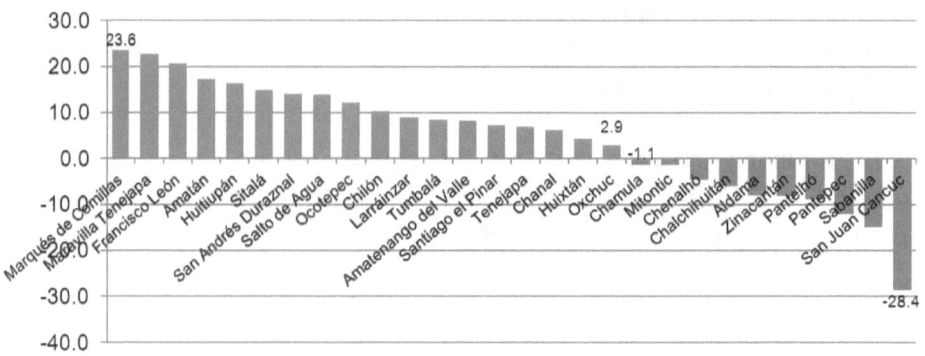

Fuente: Elaboración propia, con base en datos oficiales del CONEVAL.

La prevalencia de desnutrición en niños menores de 5 años que acuden a las unidades de salud de los municipios con bajo IDH, muestra que entre 2005-2008, el 33.8% de las 210 localidades registradas en Instituto de Salud (ISA), presentaron una prevalencia de desnutrición superior al 50%. En algunas localidades incluso se superan el 70%: en Chenalhó (Chimix, Canolal, Queshtic), en Chamula (Cruz Chot, Laguna Petej, Tzaclamanton, Tzaclamanton, Joltzemen), en Oxchuc (El Niz), y en el municipio de Aldama (Cacateel, Tzinteel, San Juan Bawitz).

Esta misma situación se encontró al analizar los datos de los municipios encuestados, ya que muestran una disminución en la prevalencia de desnutrición, al pasar de 30.1% a 23.7% en 2006 y 2008 respectivamente, esto no implica la resolución del problema de desnutrición, ya que existen localidades con tasas de prevalencia que oscilan entre 70.4% y 90.5%: Chimix Canolal, Queshtic, municipio de Chenalhó, Tzametal, Tzuluwitz, municipio de San Juan Cancuc; Chalam, municipio de Mitontic; Mehono, Muctahuitz, Nashinich, municipio de Larrainzar; y Aldama, Revolución Fiu, Yetón, municipio de Aldama.

Las carencias nutricionales que presentan los habitantes de estos municipios, revelan que las políticas públicas en esta materia no han tenido el impacto esperado, ya que la prevalencia de desnutrición ha incrementado en el periodo 2005-2008 (ver gráfico 18).

Gráfico 18. Prevalencia de la desnutrición en localidades de municipios con menor IDH de Chiapas

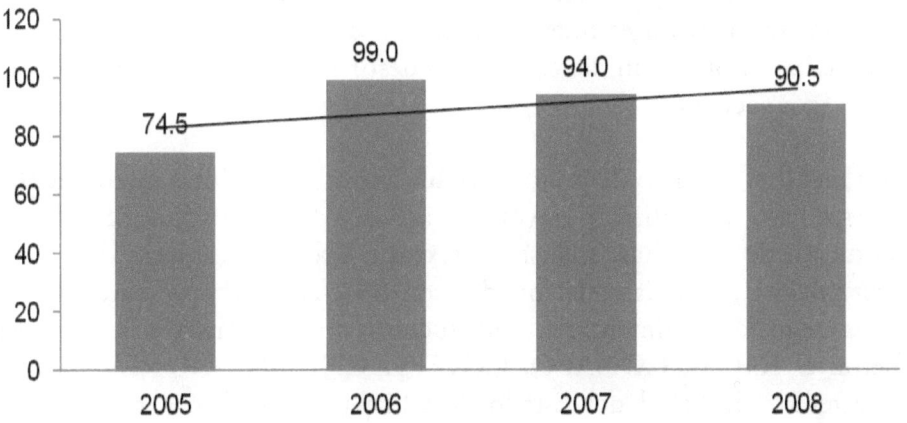

Fuente: Elaboración propia, con base en la base de datos del ISECH, 2005-2008.

CAPÍTULO 3

IMPACTO DE LAS POLÍTICAS PÚBLICAS EN SEGURIDAD
ALIMENTARIA EN MUNICIPIOS CON MENOR ÍNDICE DE
DESARROLLO HUMANO DEL ESTADO DE CHIAPAS, MÉXICO.

La preocupación por parte de organismos internacionales, gobiernos federales de cada país por mostrar una metodología que refleje las carencias sociales, no es nueva y cada vez se ocupan más, ya que en ella descansa la priorización de los recursos destinados para abatir la pobreza y los rezagos sociales.

Para medir el impacto de políticas públicas existen distintas metodologías, en este caso se realizó a través del análisis de estadísticas oficiales, la aplicación de encuestas, análisis de textos e informes, es decir, de fuentes *secundarias* y primarias relacionadas con los cuatro componentes básicos de la seguridad alimentaria. Las fuentes de información secundarias fueron el INEGI, CONAPO, COESPO CHIAPAS, CONEVAL, SEP, y Secretaría de Salud del Estado de Chiapas; se analizó a través de las variables: características de las viviendas, índices de marginación, pobreza alimentaria, producción de alimentos agrícolas, cabezas en sacrificio (aves de corral, ganado bovino y porcino), producción de huevo para plato, producción de leche de bovino, existencia de almacenes de alimentos para casos de contingencia, proyecciones de población, grado de escolaridad y estado de nutrición de niños menores de cinco años.

La información *primaria*, se obtuvo de la aplicación de una encuesta que permitiera la identificación de datos relacionados con los componentes básicos de la seguridad alimentaria. La encuesta se aplicó a una muestra representativa de las familias residentes en 11 de los 28 municipios con menor IDH.

3.1. Población de estudio

La población de estudio en esta investigación la conforman los habitantes de las 5,210 familias censadas en 2011 por el Instituto de Medicina Preventiva (IMEPREV) del Sistema DIF Estatal, en 11 de los 28 municipios con el menor Índice de Desarrollo Humano del estado de Chiapas.

Los criterios de selección utilizados en este censo fueron:

a) Identificación de las microrregiones con prevalencia de desnutrición mayor a 50%.

b) Preferencia no exclusiva a las localidades que concentran mayor número de habitantes.

c) Localidades con alto y muy alto grado de marginación.

d) Localidades con prevalencia de tuberculosis.

e) Localidades cercanas a la cabecera microrregional.

f) Localidades que cumplan con los criterios de selección, pero además que no se disperse de la mancha geográfica del resto de las localidades seleccionadas.

3.2. Muestra

Para calcular el tamaño de la muestra, se estableció un nivel de confianza del 95% (α= 0,05; = 1,96), un error experimental permitido del 5%, una probabilidad de éxito del 50%, una probabilidad de fracaso del 50%, y 10% de rechazo (pr) ver cuadro 4. El tamaño de la muestra se obtiene a través de la fórmula:

$$n = \frac{N \cdot Z^2_{\alpha/2} P(1-P)}{(N-1)e^2 + Z^2_{\alpha/2} P(1-P)}$$

Cuadro 4. Valor y descripción de las variables para determinar el tamaño de muestra

Variable	Descripción	Valor
Z	Valor en tablas del grado de confianza	1.96
N	Tamaño de la población	5,210
E	Error experimental permitido	0.05
P	Probabilidad de éxito	0.5
(1-P)	Probabilidad de fracaso	0.5
Tamaño de la muestra		*358*

Considerando el porcentaje de rechazo (n+pr) se obtiene la muestra óptima (n^1=394). Para seleccionar a las familias encuestadas se utilizó el método de "cuotas proporcionales", con el propósito de hubiese una distribución equitativa en cada municipio, además se seleccionaron de manera aleatoria (ver cuadro 5).

Cuadro 5. Encuestas aplicadas por comunidad

Municipio	Población de estudio (Número de familias)	Porcentaje con respecto al total de familias	Encuestas aplicadas según cuotas proporcionales
Amatán	175	3.4	14
Aldama	215	4.1	16
Chamula	525	10.1	40
Chilón	545	10.5	41
Francisco León	123	2.4	9
Larrainzar	488	9.4	37
Mitontic	227	4.3	17
Ocotepec	299	5.7	22
Oxchuc	1753	33.6	132
San Juan Cancuc	307	5.9	24
Tenejapa	553	10.6	42
Total	**5,210**	**100**	**394**

Para el análisis de la información obtenida se usaron medidas de estadísticas descriptivas; se estandarizaron y ajustaron las tasas de prevalencia de desnutrición, además se realizó una ***prueba de correlación*** para determinar el grado de asociación entre la desnutrición y otras variables independientes (ver cuadro 6). Por ser la desnutrición, la variable que refleja directamente el impacto de las políticas públicas en seguridad alimentaria, se tomó como variable control; es decir, las pruebas realizadas giraron en torno a esta variable.

Cuadro 6. Variables consideradas en la prueba de correlación

Variable control (dependiente)	Variables independientes
Estado nutricio	Número de miembros de la familia.
	Nivel de escolaridad de la madre.
	Consumo de cereales y tubérculos.
	Consumo de verduras.
	Consumo de frutas.
	Consumo de carne y productos lácteos.
	Consumo de alimentos de alto contenido energético.
	Consumo de leguminosas.
	Número de comidas al día.
	Calidad del agua para consumo humano.
	Beneficiarios con desayunos escolares.
	Ingreso familiar.
	Sexo
	Edad
	Tenencia de la tierra

Las variables utilizadas se clasifican de la siguiente manera:

a) Sociodemográficas.

- Edad. Se determinó en meses y años transcurridos desde el nacimiento de cada miembro de la familia.

- Sexo. Reconocido según los patrones físicos de cada persona.

- Parentesco. Se identificó según el vínculo familiar que une a las personas (padres, hijos, hermanos, abuelos, tíos, primos, etc.).

- Ocupación. Se estableció según el trabajo o actividad que desempeña cada miembro de la familia, además nos permitió identificar compromisos, riesgos e ingresos.

- Superficie cultivada. Se refiere al número de hectáreas destinadas con fines agropecuarios, ya sean éstas propias, rentadas o prestadas.

b) *Condiciones de salud*

- Desnutrición. Se determinó a través de la prevalencia de desnutrición en menores de 5 años. La importancia que reviste este indicador, es que refleja el impacto de la política pública en materia de alimentación; además permite cuantificar la demanda potencial de servicios para mejorar el nivel nutricional.

c) *Disponibilidad*

- Disponibilidad de alimentos. Se identificó según los alimentos puestos a la venta, permite saber el lugar donde son producidos e identifica las redes de mercado para distribuirlos.

- Producción de alimentos. Se determinó según el tipo y la cantidad de alimentos producidos a nivel local. Esta variable, contribuye de manera significativa a la seguridad alimentaria, debido a que es la fuente directa e inmediatamente disponible.

d) *Acceso y control*

- Ingreso familiar. Se determinó a través de la suma de ingreso monetario de cada uno de los miembros de la familia. El ingreso familiar (parte esencial del IDH) es indispensable para la adquisición de bienes y servicios, además permite conocer el poder adquisitivo de la familia.

e) *Consumo y utilización biológicas de los alimentos*

- Consumo de alimentos. Determinada a través del número de comidas por día en la familia. Éste, es un indicador indirecto de los niveles de bienestar en los miembros de la familia. Por ello, se analizó de manera conjunta con la disponibilidad y la cultura alimentaria local, a través del número de ingestas por día.

3.2. Características de los municipios con menor IDH

En los municipios con menor IDH se aprecia las enormes carencias en cuanto a las condiciones de las viviendas y la falta de servicios públicos en sus localidades como son: agua entubada, drenaje, servicios de salud, educación, etc. Los hallazgos encontrados a través de la encuesta aplicada a las familias residentes en los municipios de estudio dan cuenta de esto, así como el impacto de las políticas públicas en cada uno de los componentes básicos de la seguridad alimentaria.

Las familias están compuestas por 6 integrantes en promedio, el 27.1% son niños menores de 5 años de edad. Las condiciones en que viven estas familias dan razón de su clasificación en la categoría de muy alta marginación. El 92.1% vive en casa propia (con un solo cuarto en el 52.0% de los casos); 74.1% tiene piso de cemento; 67.3% de las paredes son de madera, 28.9% de ladrillo o block y 3.4% de adobe, baraje o bambú; sólo el 6.3% tienen techo de concreto, el resto son de lámina de zinc, asbesto, cartón o teja; 95.2% cuenta con energía eléctrica.

Para la atención en salud, el 94.2% de las familias acuden al sector público; independientemente del tipo de servicio con que cuentan éstas, 18.5% no tiene servicio en su localidad, derivado de ello, 15.7% del total de familias se desplaza más de una hora de camino al centro de salud más cercano y 5.8% de ellas refieren acudir a la atención médica particular.

Una variable importante para identificar las condiciones de salud es la fuente de agua para el consumo y humano, en estos municipios se encontró que el 90% tiene agua de pozo, 6% de río y solo 4% cuenta con agua entubada; independientemente de las fuentes de agua, el 91% de las familias la consume hervida, 4.8% clorada, 0.2% filtrada y 0.5% agua embotellada. Para el 3.3% que ingiere agua sin ningún tipo de tratamiento el riesgo de padecer enfermedades gastrointestinales y parasitarias es muy alto.

En cuanto a saneamiento ambiental, la eliminación excretas se realiza en sistemas inadecuados no higiénicos; adicionalmente el 4.1% de las familias refieren defecar al aire libre y 6.6% tira la basura al intemperie, este hecho aumenta el riesgo de infecciones gastrointestinales.

La ocupación de las personas permite hacer la siguiente clasificación: el 30.3% son estudiantes, 28.6% ama de casa, 13.6% es agricultor, 7.9% son infantes, 0.5% comerciante, y el 19.1% restante no informó su ocupación principal. Simultáneamente, los datos muestran poca dedicación a los trabajos de agricultura. Sin embargo, el mayor problema en la economía familiar es el alto porcentaje (66.8%) de miembros que no generan ingresos (infantes, estudiantes, amas de casa, ancianos, discapacitados).

El nivel educativo de la población es bajo, el 6.5% es analfabeta, 6.9% tienen nivel preescolar, 29.8% primaria incompleta, 15.6% primaria, 4.8% secundaria incompleta, 4.9% secundaria, 1.3% técnica, 0.2% preparatoria, 0.1% preparatoria incompleta y solo el 0.1% cuenta con estudios de universidad; los porcentajes restantes integran a los infantes y a los que no refirieron su grado de escolaridad.

Cabe destacar que el nivel educativo de las madres está asociado con el estado de nutrición de los niños, y los datos encontrados de muestran que el 22.6% son analfabetas, 37.1% tienen primaria incompleta, 35.5% primaria completa, 1.3% secundaria incompleta, 2.5% secundaria completa, 0.8% nivel técnico, 0.3% preparatoria completa.

3.3. Factores relacionados con la desnutrición

Los niveles de desnutrición encontrados en los niños y niñas menores de cinco años de edad de acuerdo con el parámetro antropométrico de "peso para la edad" son muy altos, el 59.2% de ellos presentaron algún grado de desnutrición y solo 37.4% fue clasificado en estado normal; así mismo, el 3.4% presenta algún grado de obesidad o sobrepeso.

Para determinar los factores que inciden en los niveles de desnutrición encontrados; se aplicó la ***Prueba de correlación de Pearson,*** con ésta se determinó que los años estudio de la madre, es un factor determinante en el estado nutricional de los niños menores de cinco años, ya que los valores encontrados en la prueba son **altamente significativo** (0.080).

Otro de los factores relacionados con la desnutrición es el poder adquisitivo de la población mismo que se determinó con el ingreso promedio familiar. También la variable consumo de alimentos por grupo: cereales y tubérculos, carnes y productos lácteos, verduras; asimismo la frecuencia en el consumo de alimentos por día, determinado a través del número de comidas al día por familia, son variables que la bibliografía refiere estar fuertemente relacionada con la desnutrición; sin embargo, los datos encontrados muestran que están relacionados en grado **medio**.

Los programas sociales que contribuyen a disminuir la desnutrición no han tenido el impacto esperado, ya que esta variable determinada a través del programa Desayunos Escolares mostró un nivel de significación **baja** (0.042); es probable que esto se deba a que las localidades beneficiadas no preparen los desayunos escolares y las despensas las distribuyan entre las familias o les den otro uso; asimismo, la edad mostró ser significativa en este mismo nivel, lo que demuestra la relación existente entre los grados de desnutrición encontrados y los niños menores de cinco años de edad.

En la prueba, también se consideró la posibilidad de que las variables sexo vs niños desnutridos estuviesen relacionadas por cuestiones de equidad de género; sin embargo, no se encontró relación alguna (ver cuadro 7).

Cuadro 7. Resultados encontrados en las pruebas de correlación

		Desnutrido	Nivel de correlación
Desnutrido	Correlación de Pearson	1	
	Sig. (bilateral)		
	N	394	
Número de miembros de la familia	Correlación de Pearson	.073	Media
	Sig. (bilateral)	.148	
	N	394	
Estudios de la madre	Correlación de Pearson	-.080	Alta
	Sig. (bilateral)	.114	
	N	394	
Consumo de cereales y tubérculos	Correlación de Pearson	.067	Media
	Sig. (bilateral)	.183	
	N	392	
Consumo de verduras	Correlación de Pearson	.059	Media
	Sig. (bilateral)	.248	
	N	390	
	Sig. (bilateral)	.762	
	N	389	
Consumo de carne y productos lácteos	Correlación de Pearson	.060	Media
	Sig. (bilateral)	.244	
	N	384	
	Sig. (bilateral)	.572	
	N	378	
	Sig. (bilateral)	.424	
	N	389	
Número de comidas al día	Correlación de Pearson	.052	Media
	Sig. (bilateral)	.300	
	N	393	
	Sig. (bilateral)	.643	
	N	384	
Ingreso familiar vs número de personas en el hogar	Correlación de Pearson	.065	Media
	Sig. (bilateral)	.201	
	N	391	

Escala de medición (0.00-0.05 bilateral)

* La correlación es significante al nivel 0,05 (bilateral).

3.4. Niveles de desnutrición a nivel municipal

Con el propósito de identificar las diferencias entre los niveles de desnutrición que presentan cada municipio, se utilizó la metodología de ajuste de tasas para comparar los valores estimados. La tasa más alta de desnutrición corresponde al municipio de Aldama, la cual comparada con la de cada municipio, arroja una diferencia notoria. La mayor diferencia se aprecia entre las tasas de los municipio de Mitontic (17.6%) y de Aldama con (93.8%), la cual alcanza los 76.2 niños desnutridos por cada cien en la misma condición (ver cuadro 8).

Cuadro 8. Comparativo de tasas de desnutrición entre los municipios, con respecto al de mayor valor

Municipio	Municipal	Diferencia porcentual
Aldama	93.8%	
Ocotepec	81.8%	12.0
Chamula	75.0%	18.8
Larrainzar	67.6%	26.2
Oxchuc	64.4%	29.4
San Juan Cancuc	54.2%	39.6
Chilón	51.2%	42.6
Tenejapa	45.2%	48.6
Francisco León	44.4%	49.4
Amatán	42.9%	50.9
Mitontic	17.6%	76.2

Tasas por 100 niños menores de 5 años de edad

Fuente: Encuesta.

Cuadro 9. Estado de nutrición de los niños menores de cinco años de edad residentes en los municipios con menor IDH de Chiapas, 2011.

Municipio	Peso-Edad						Total
	Normal	Desnutrición Leve	Desnutrición Moderada	Desnutrición Severa	Sobre Peso	Obesidad	
Aldama	8	7	10	7	0	0	32
Amatan	11	3	5	0	0	0	19
Cancuc	20	13	9	0	3	0	45
Chamula	19	20	19	6	0	0	64
Chilón	25	20	5	5	2	2	59
Francisco León	5	4	2	0	0	0	11
Larrainzar	15	21	15	2	0	0	53
Mitontic	24	5	1	0	1	0	31
Ocotepec	8	10	13	0	0	0	31
Oxchuc	68	67	46	33	5	1	220
Tenejapa	34	15	10	2	0	1	62
Total	**237**	**185**	**135**	**55**	**11**	**4**	**627**

Como se observa en el cuadro 9, los municipio que requieren de atención prioritaria son: Oxchuc donde se encuentra el 60% de niños que padecen desnutrición severa, seguido de Aldama 12.7%, Chamula 10.9%, y Chilón 9.1%. También deben considerarse los municipio de Larrainzar 11.1%, Ocotepec 9.6%, Tenejapa 7.4% y San Juan Cancuc 6.7% ya que éstos presentan porcentajes considerables de niños con desnutrición moderada.

Al analizar la información **a nivel de localidad**, los mayores porcentajes de niños desnutridos, se encontraron en las localidades de Latzviltón y Baxantic municipio de Larrainzar (100%), Soolteel y Tunapaz municipio de Chilón (100%), y Joomalhó municipio de Chamula (100%).

Estos hallazgos muestran diversas formas de priorizar la atención a los problemas sociales, y sobre todo, a conocer el impacto de las políticas públicas en materia de seguridad alimentaria. Es importante considerar la cultura y cosmovisión de cada población ya que son heterogéneas, por tanto, las formas de atención a esta problemática es diferente en cada región, aunado a la tipología y características de los factores determinantes.

3.5. Impacto de las políticas públicas en los componentes básicos de seguridad alimentaria

3.5.1. Disponibilidad de alimentos

El estudio identificó la existencia de los siguientes alimentos en las comunidades: arroz (74.7%), azúcar (70%), aceites comestibles (44.3%), frijol (38.6%), carnes rojas (22%), carne de pollo (24.7%), maíz (20%), pan y galletas (11.2%); el resto de los alimentos son inferiores al 10%, dentro de los que se encuentran: agua embotellada, acelga, aguacate, atole, atún, avena, betabel, café, calabaza, camote, cebolla, chayote, chilacayote, chile, chipilín, cilantro, coliflor, crema, ejote, enlatados, fideos, huevo, jamón, jugos, leche, lechuga, lentejas, lima, limón; entre otros. La limitada disponibilidad de productos alimenticios en las localidades se traduce en una mala alimentación de sus habitantes, debido a la poca cantidad de alimentos, y en consecuencia la aparición de problemas de desnutrición.

En cuanto a su origen y procedencia el 57.8% de los encuestados refirieron desconocerla, el 28.4% respondió que los alimentos se producen fuera del municipio, el 9.2% cree que es dentro del municipio y el 4.6% considera que lo hacen dentro de la comunidad. Se refleja en las cifras la problemática del acceso a los alimentos en las familias, dado que dependen de las tiendan privadas y mercados para acceder a los alimentos. Al respecto se identificó, una fuerte dependencia de las tiendas rurales, donde el 54.6% de las familias realizan sus compras, el 27.2% lo hace en tiendas privadas, el 14.5% en mercados y el 2.3% los compra en supermercados y/o en la vía pública de sus localidades.

Los principales cultivos en estos municipios son el maíz y el frijol, ya que el 90.74% de la población produce estos alimentos, seguido de hortalizas (63.06%), producción pecuaria (48.90%), frutas (39.88%) y otros granos, entre ellos el café (24.25%). Estos datos muestran que de cada diez familias nueve tienen como principal producción estos granos básicos. Además, se identificó que en las localidades de Yochib, Tolbilja y Cruzton (municipio de Oxchuc); Tzaquiviljok y Yetzucum (municipio de Tenejapa) destaca la producción del café y otros granos. Respecto a la producción de otros grupos de alimentos, se identificó que la siembra tiene que ver más con la vocación del suelo que las propias necesidades de la población.

Es importante señalar que a pesar de no contar con datos precisos acerca de los volúmenes de producción por familia, éstas refirieron que las cantidades cosechadas son suficientes y en largos periodos del año se ven en la necesidad de comprar estos alimentos para poder satisfacer sus necesidades.

La producción de alimentos en general es variada pero muy baja en sus volúmenes, esto propicia entre otras cosas, la necesidad comprar propios alimentos, a pesar de ello, la cantidad obtenida no es suficiente para satisfacer sus necesidades. Dentro de los programas sociales que contribuyen a la alimentación de las familias, se identificó que el 96.6% es beneficiada con el programa Desayunos Escolares, 93.1% con Oportunidades y cerca del 80% con Procampo; esto indica que un alto porcentaje de familias depende en de estos apoyos para subsistir. Dado que este mismo componente refiere considerar los procesos de globalización, se indagó al respecto; sin embargo, éstos no tienen impacto en las localidades estudiadas, dado que las exportaciones e importaciones son imperceptibles.

3.5.2 Acceso y control

El ingreso familiar es una variable que permite conocer la capacidad adquisitiva en el hogar, y cuando se conoce su distribución, facilita entre otras cosas, identificar el monto diario destinado a los alimentos por persona. En este sentido, se estima que el presupuesto familiar diario en las localidades estudiadas es de $62.8 en promedio; a pesar de que éste pareciera suficiente, cuando se determinó el monto destinado para la compra de alimentos ($14.1), se concluyó que no alcanza para comprar la cantidad de alimentos suficientes para una dieta normal.

Este resultado, se corroboró al contrastar la información referida por los encuestados, cuando se les preguntó acerca del número de veces que comen durante el día, se identificó que el 58.9% de las familias tienen para hacerlo tres veces al día, el resto (41.1%) solo tiene la posibilidad de hacerlo en dos ocasiones; esta situación los somete a una reducción en la ingesta calórica mínima necesaria, en consecuencia a presentar malnutrición o algún nivel de desnutrición.

La inestabilidad en los precios para la adquisición de los medios de producción, falta de tierras apropiadas, uso inadecuado del suelo y carencia de sistemas de riego en los municipios analizados, hacen que sus habitantes le dediquen poco tiempo a la actividad agrícola, lo que limita a producir solo alimentos de temporada.

3.5.3. Consumo y utilización biológica

El consumo y utilización biológica de los alimentos, sin afirmarse que este sea el componente básico más importante de la seguridad alimentaria, es donde se refleja el impacto de las políticas públicas en la materia, es por ello, que independientemente de la fuente de donde provengan, es indispensable saber las cantidades y el tipo de alimentos que consumen los habitantes de estos municipios, en este sentido, la información se analizó por grupos de alimentos y la frecuencia en su consumo.

Consumo de cereales y tubérculos (trigo, arroz, maíz, avena; las papás, camote, nabo, rábano y betabeles): el 92.1% de las familias encuestadas refirió consumir este grupo de alimentos todos los días de la semana, el 2% seis días, y el resto (5%), lo consume de uno a cinco días.

Verduras: el 50% lo consume entre dos y tres días por semana, el 20% lo hace de cuatro a seis, el 13.5% lo consume una vez a la semana y únicamente el 15% tienen la posibilidad de consumirlo todos los días. En cuanto al *Consumo de frutas:* el 76.7% lo consume de uno a tres días, 15.4% de cuatro a seis y solo el 7.9% lo hace toda la semana.

Carne y productos lácteos (leche, crema, queso, quesillo, yogur): en este grupo de alimentos el 87.7% solamente se consume de uno a tres días por semana, el 8.6% de cuatro a seis y únicamente el 6.1% tiene para consumir estos alimentos toda la semana.

Alimentos de alto contenido energético (dulces, chocolates, refrescos embotellados, harinas refinadas, galletas, golosinas): en este grupo de alimentos el 39.7% solamente lo consume de uno a tres días por semana, el 21% de cuatro a seis, y únicamente el 39.3% tiene para consumir estos alimentos toda la semana.

Consumo de leguminosas (fríjol, garbanzo, soya, lenteja, alfalfa, cacahuate): en este grupo, el consumo es alto de manera semanal (78.4%) ya que la mayoría de las familias consume a diario fríjol.

Los grupos de alimentos de mayor consumo, son los cereales, tubérculos y leguminosas, que incluyen el maíz (usado en tortillas, pozol, etc.), arroz, pan, galletas, papa, camote, yuca y frijol, que conforma los insumos principales y en ocasiones únicos para su alimentación.

Independientemente de la frecuencia en el consumo de alimentos, la desnutrición en los niños menores de cinco años principalmente sigue presente, esto puede apreciarse en el cuadro 9, donde se observa altos porcentajes en las categorías de Moderada y Severa, en los municipios de: Aldama (70.8%), Amatán (62.5%), Ocotepec (56.3%), San Juan Cancuc (55.6%) y Oxchuc (54.1%). Estas categorías de desnutrición representan un alto riesgo de muerte para los niños que la padecen. Es importante enfatizar que el 100% de los municipios padecen un riesgo de salud pública a nivel municipal, ya que las prevalencias de desnutrición se encuentran por encima de lo establecido por la OMS.

CAPÍTULO 4

CONCLUSIONES Y RECOMENDACIONES

4.1. Conclusiones

La descripción documentada en esta publicación, describe la naturaleza y magnitud de la seguridad alimentaria y nutricional en las que viven las familias residentes en los municipios de estudio, las causas de esta problemática son múltiples, sin embargo, sus determinantes se reflejan en el limitado crecimiento económico, falta de servicios básicos, bajos niveles de escolaridad, altas tasas de de morbi-mortalidad infantil, altas prevalencias de desnutrición, falta de programas públicos efectivos, principalmente en aquellos que inciden en la alimentación de la población, en consecuencia, mala calidad de vida de sus habitantes.

El estudio reveló que la inseguridad alimentaria y desnutrición que presentan los niños y niñas residentes en las localidades de los municipios con menor IDH, es producto del bajo poder adquisitivo, bajos niveles de escolaridad, principalmente en las madres de familia y la baja producción de alimentos básicos, que reducen la posibilidad de satisfacer los requerimientos mínimos indispensables para su alimentación. Sin desconocer el predominio de cultivos básicos como el frijol y maíz, que aunque contienen propiedades nutritivas importantes, su disponibilidad es limitada por bajo rendimiento en la producción, falta de sistemas de riego, tenencia de la tierra para cosechar, falta de conocimiento y capacitación, erosión de la tierra, y escaso apoyo gubernamental a pequeños productores.

A pesar de las múltiples políticas implementadas en la última década, aún no se aprecia un impacto tangible en materia de nutrición; se espera que la continuidad del marco legal establecido en la Agenda Chiapas-ONU (Objetivos de Desarrollo del Milenio) pueda verse reflejado en el mediano y largo plazo, para que junto con la reducción y/o eliminación de los determinantes de la desnutrición, las próximas generaciones puedan lograr mejores niveles de vida; dado que las altas tasas de casos de prevalencia de desnutrición en estos municipios tienen como referente general a la marginación y a la pobreza.

El análisis del impacto de las políticas públicas en seguridad alimentaria y nutricional, requiere una revisión exhaustiva de los esquemas de administración de los programas gubernamentales y de las estrategias usadas para la instrumentación de las acciones emprendidas durante los últimos años.

En relación a la prevalencia de desnutrición; los porcentajes encontrados son muy altos, al grado tal de identificar prevalencias del 93.8, 81.8 y 75 por ciento en los municipios de Aldama, Ocotepec y Chamula, respectivamente. Los mayores porcentajes de desnutrición encontrados son clasificados en desnutrición leve (49.3%); sin embargo, no debe descuidarse a estos niños ya que en una semana podrían pasar a formar parte del 36% de niños que padecen desnutrición moderada o del 14.7% que padecen desnutrición severa, debido a que sus condiciones deterioradas aumentan los riesgos de enfermedad y de muerte.

Los resultados encontrados en las fuentes secundarias y primarias permiten señalar que las políticas públicas en seguridad alimentaria probablemente no han tenido el impacto esperado, debido principalmente a los siguientes factores:

1. Poca disponibilidad y acceso al comercio de los alimentos debido a la dispersión poblacional.

2. Insuficiente recursos económicos destinados para la alimentación en los hogares.

3. Falta de empleo en el área de influencia de los mismos.

4. Terrenos no apropiados para la producción de autoconsumo.

5. Niveles bajos de educación.

6. Malas condiciones de la vivienda y en consecuencia la insalubridad del domicilio y su entorno.

7. Mala calidad del agua para el consumo humano, a pesar de que la mayoría de los encuestados refirió hervirla.

8. Falta de un programa de seguridad alimentaria y nutricional que cubra en su totalidad las localidades estudiadas.

9. Poca o nula aplicación de esquemas administrativos y de control para el funcionamiento de los programas públicos.

10. Mal uso de los apoyos alimentarios gubernamentales (venta de las despensas o utilizadas para alimentar animales).

11. Falta atención a la salud, control, seguimiento y vigilancia nutricional a los niños menores de 5 años.

A pesar de los avances que el CONEVAL muestra durante el periodo 2000-2008, la encuesta reveló altas prevalencias de desnutrición en niños y niñas menores de cinco años en muchas localidades de los municipios chiapanecos con bajo IDH; además permitió identificar que 9 de cada 10 niños en este rango de edad sufren algún grado de desnutrición y/o malnutrición por lo que; no es riesgoso afirmar que en Chiapas estamos lejos de alcanzar seguridad alimentaria en el corto plazo.

4.2. Recomendaciones

Se requiere con urgencia reforzar los servicios de atención a la salud y control de la nutrición de los miembros de las familias chiapanecas; ya que es evidente e injusta la ausencia de instalaciones para atender esta problemática, especialmente en los municipios con menor IDH. Además, es necesario fortalecer ramas productivas, principalmente en alimentos de autoconsumo como el maíz, frijol, frutas, verduras, etc., según la vocación del suelo en cada municipio, para complementar y diversificar la alimentación en las familias, aprovechando al máximo las oportunidades de producción local de especies menores de traspatio.

Las acciones que se realicen en estos municipios, deben focalizar sus esfuerzos en la aplicación de bienes y servicios en pro de una alimentación inocua y suficiente, para abatir las deficiencias nutricionales de los grupos más vulnerables de la población, estos son: los niños, niñas, mujeres embarazadas y la población de adultos mayores.

La prestación continua de servicios públicos, debe fomentar la participación social en todas las ocasiones, aprovechar todo tipo de recursos y sabiduría comunitaria conservando siempre el respecto a la dignidad, a los usos y costumbres de los habitantes de cada región.

En este sentido se recomienda para resolver esta situación:

- Precisar las estrategias y acciones que garanticen la seguridad alimentaria y nutricional en la entidad, considerando los cuatro componentes básicos aquí planteados, para dar cumplimiento a los Objetivos de Desarrollo del Milenio incorporados en la Constitución Política de Chiapas.

- Mantener y mejorar el esquema financiero para ampliar la cobertura del Programa de Seguridad Alimentaria y Nutricional en las instituciones públicas, en los 28 municipios con menor IDH del estado de Chiapas.

- Incorporar en el sistema de prestación de servicios de salud y alimentación que desarrollan las instituciones del estado, el *"Modelo de intervención de la Seguridad Alimentaria y Nutricional para los municipios con Menor Índice de Desarrollo Humano de Chiapas"*.

Propuesta operativa

"Modelo de Seguridad Alimentaria y Nutricional para los municipios con Menor Índice de Desarrollo Humano de Chiapas".

Los modelos de seguridad alimentaria y nutricional, son patrones conceptuales y metodológicos utilizados para el aseguramiento de alimentos suficientes e inocuos para garantizar la alimentación de toda la población, principalmente a quienes reciben apoyos alimenticios por su condición de marginados geográfica, económica y socialmente.

El modelo propuesto, se alinea al mandato de las políticas públicas, en todos sus niveles en materia de la seguridad alimentaria y nutricional (disponibilidad de alimentos, estabilidad, acceso y control, consumo y utilización biológica de los alimentos). En un marco de respeto a las características de las poblaciones en los ámbitos culturales, del medio ambiente, geográfico, económico y social.

Bajo estas consideraciones, esta propuesta tiene el propósito de disminuir y en su caso eliminar la inseguridad alimentaria manifestada por la prevalencia de desnutrición; principalmente de menores de cinco años, mujeres embarazadas y adultos mayores que viven en comunidades marginadas.

Este modelo, exige una restructuración de la normatividad y de los esquemas de procedimientos que en la actualidad se realizan referentes a dos aspectos principales:

a) La detección, atención, control y vigilancia del estado nutricional de los niños y niñas realizados con enfoque epidemiológico.

b) La organización central, la administración local y los esquemas operativos de programas sociales de apoyos alimentarios y económicos deben ser replanteadas y fortalecidas para cumplir con sus objetivos.

En Chiapas, los antecedentes muestran que las instituciones encargadas de garantizar la seguridad alimentaria y nutricional, están desvinculadas; ya que cada una de ellas, atiende únicamente lo que es de su competencia sin darle mayor importancia a las acciones que realizan el resto de las instituciones en materia de seguridad alimentaria; por ello, es necesario reorientar o crear una instancia específica que atienda de manera conjunta sus cuatro componentes básicos; ésta deberá instituir las directrices con base en elementos teóricos, científicos y técnicos, sobre políticas que habrán de establecerse en el Programa Estatal de Seguridad Alimentaria y Nutricional.

Es claro, que esta propuesta retoma experiencias exitosas consideradas en el Modelo INCAP, instrumentado en los países de Centro América; además pone a disposición elementos de planeación en materia de nutrición y desarrollo humano para la toma de decisiones en todos los niveles del Gobierno y de las organizaciones no gubernamentales y asociaciones civiles.

La propuesta, se sustenta en la transversalidad al considerar las políticas públicas en materia de seguridad alimentaria que habrán de emprender las instituciones públicas, empresas privadas, organizaciones no gubernamentales, partidos políticos y religiones; en los que convergen una serie de oportunidades para tomar decisiones en torno al combate a la pobreza y en especial a la seguridad alimentaria y nutricional.

Imagen 5. El Modelo de Seguridad Alimentaria y Nutricional, plantea la siguiente estructura y dinámica:

Esquema general

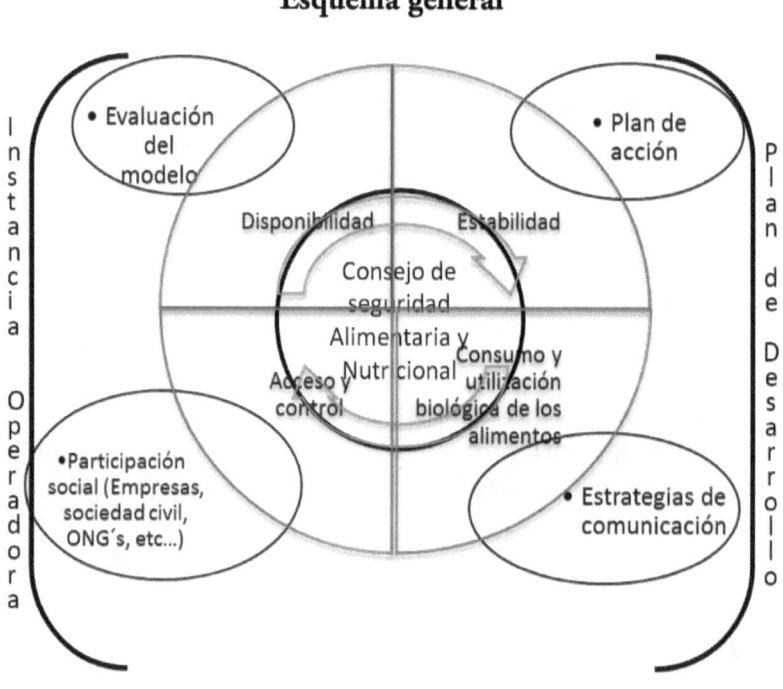

Fuente: Elaboración propia.

Objetivos:

1. Reorientar y/o crear con una instancia (secretaría o instituto) que promueva la seguridad alimentaria y nutricional en Chiapas, para garantizar los cuatro componentes básicos de la Seguridad Alimentaria y Nutricional, con énfasis en los 28 municipios con menor IDH del estado.

2. Conformar un Consejo Local de seguridad alimentaria y nutricional a nivel de localidad, integrado por el Gobierno federal, estatal, municipal y local; así como por miembros de los diversos actores.

3. Elaborar y operar un Plan de Acción que responda a las particularidades de los municipios pobres; incluyendo la capacitación de todo el personal institucional y comunitario que esté directa o indirectamente involucrados con la seguridad alimentaria y nutricional.

Una vez que el Gobierno estatal cuente con la instancia encargada de coordinar, evaluar, regular y de dar seguimiento a las acciones que se emprendan a favor de la seguridad alimentaria y nutricional:

Ésta deberá:

- Elaborar un programa estatal de seguridad alimentaria y nutricional con énfasis en los 28 municipios con menor IDH.

- Gestionar recursos necesarios para atender las acciones plasmadas en el Programa Estatal de Seguridad Alimentaria y Nutricional, en el corto, mediano y largo plazo, con el propósito de garantizar el éxito del programa.

- Identificar a los actores en la entidad, que incidan en alguno de los cuatro componentes básicos.

- Elaborar una estrategia integral para la operación del programa.

- Evitar la duplicidad de acciones, sin descuidar la cobertura total a la población.

- Elaborar planes locales con participación de los Gobiernos municipales, los Consejos Municipales y los actores involucrados con la SAN (en los 28 municipios con menor IDH).

- Diseñar y elaborar un Plan de Medios para la comunicación y sensibilización a las instituciones públicas y la sociedad en general.

- Elaborar un Sistema de Información que permita la evaluación integral del programa.

- Divulgar los resultados de las acciones realizadas y el impacto logrado.

Fases para la operación del modelo

Primera fase:

El Gobierno estatal reorienta o crea la instancia sobre Seguridad Alimentaria y Nutricional del estado de Chiapas.

Segunda fase:

Proponer una iniciativa de Gobierno estatal para que este Modelo sea incluido en todos los Planes de Desarrollo Municipales como una estratégica para al combate de la inseguridad alimentaria vista desde sus cuatro componentes básicos.

Tercera fase:

La instancia responsable de la seguridad alimentaria y nutricional del estado de Chiapas, elaborará el Programa Estatal con énfasis en los 28 municipios con menor IDH; a través de los siguientes procesos:

a) Presentar el Programa Estatal de Seguridad Alimentaria y Nutricional al Gobierno municipal.

b) Convocar a las autoridades locales para integrar el Consejo Local de seguridad alimentaria y nutricional.

c) Integrar el Consejo Local con miembros de la secretaría o instituto de SAN, del sector público federal, estatal, municipal y de autoridades de las localidades; incorporar si es del caso al sector privado, organizaciones civiles y organizaciones No gubernamentales que realicen en algunos de sus cuatro componentes básicos de la seguridad alimentaria y nutricional.

d) Elaborar los Planes Locales de Acción, con base en un diagnóstico situacional.

Funciones del Consejo Local

1. Coordinar las acciones emprendidas en cada componente básico de la seguridad alimentaria y nutricional.

2. Gestionar recursos necesarios para atender las acciones plasmadas en los Planes Locales de acción para trabajar en el corto, mediano y largo plazos.

3. Identificar los problemas que dificultan o impiden el desarrollo del programa.

4. Definir la cooperación de los actores para evitar duplicidad de acciones o falta de atención.

5. Elaborar informes periódicos de la situación que guarda la SAN en la localidad.

6. Elaborar el sistema de evaluación del modelo; la metodología debe incluir indicadores en de los componentes básicos (ver indicadores de SAN).

Indicadores

Estos indicadores, no son los únicos que aportan a la evaluación de la seguridad alimentaria y nutricional; pero sí, los indispensables para tener un panorama real de la situación que esta guarda en el tiempo; éstos consideran aspectos sociodemográficos, económicos, y culturales.

A. Disponibilidad de alimentos

1. Índice de producción per cápita de granos básicos, carnes y productos lácteos.

2. Superficie cosechada de los principales cultivos.

3. Superficie, producción y rendimiento de granos básicos.

4. Suministro de energía alimentaria (SEA).

   a) Contribución de los carbohidratos al SEA.

   b) Contribución de las proteínas al SEA.

   c) Contribución de las grasas al SEA.

5. Dependencia externa de alimentos (programas alimentarios).

B. Estabilidad

1. Extensión de tierra apropiada para algún tipo de cultivo.

2. Personas hablantes de lengua indígena.

3. Viviendas con piso de tierra.

4. Viviendas con agua entubada intradomiciliaria.

5. Población con algún nivel de hacinamiento.

6. Viviendas con techo de lámina de asbesto o cartón.

7. Población con servicios básicos (Salud, educación, energía eléctrica, drenaje, teléfono).

8. Superficie cosechada de cultivos cíclicos.

9. Superficie cosechada con sistema de riego.

10. Hogares beneficiados con campañas agrícolas.

11. Población asalariada agrícola.

12. Alimentos e insumos de contingencia para las épocas de déficit alimentario.

13. Distancia entre los hogares y los almacenes rurales de los programas que acopian alimentos.

C. Acceso y control

1. Población en pobreza alimentaria.

2. Población en pobreza de capacidades.

3. Población en pobreza de patrimonio.

4. Población en indigencia.

5. Relación del ingreso medio per cápita.

6. Coeficiente de Gini.

7. Población en edad productiva ocupada.

8. Población en edad productiva no ocupada.

9. Población que percibe un salario mínimo.

10. Población que percibe hasta dos salarios mínimos.

11. Población que percibe tres o más salarios mínimos.

12. Población con capacidad para adquirir una canasta básica alimentaria (CBA).

13. Evolución de los envíos de remesas.

14. Analfabetismo de hombres y de mujeres de 15 a 24 años de edad.

D. Consumo y utilización biológica de los alimentos

1. Niños menores de un año alimentados con lactancia materna.

2. Prevalencia de desnutrición de la población general.

3. Prevalencia de desnutrición en menores de 5 años.

4. Prevalencia de diarrea (EDA's) en los últimos 15 días en niñas(os) menores de 5 años de edad.

5. Uso de sales de rehidratación oral.

6. Prevalencia de infecciones respiratorias agudas (IRA'S) en niñas(os) menores de 5 años de edad.

7. Expectativa o esperanza de vida al nacer.

8. Tasa de morbilidad.

9. Tasa de fecundidad.

10. Tasa de mortalidad infantil.

11. Tasa de mortalidad general.

12. Tasa de prevalencia de tuberculosis.

13. Cobertura de atención prenatal.

14. Cobertura de suplementos con vitamina A en niñas(os) de 6 a 59 meses.

15. Niños con bajo peso al nacer (BPN).

16. Prevalencia de retardo de crecimiento en escolares.

17. Prevalencia de anemia en niñas(os) menores de 5 años de edad.

18. Prevalencia de anemia en mujeres en edad reproductiva.

19. Prevalencia de bocio nodular no tóxico.

20. Hogares que usan sal yodada.

REFERENCIA BIBLIOGRÁFICA

- Agenda Chiapas-ONU, 2009.

- Aguilar, L. (2007). La hechura de las políticas públicas. Editorial Porrúa, México. p. 21.

- Banco Mundial, Informe Anual 2010.

- Bardach, E. (2004). Los ochos pasos para el análisis de Políticas Públicas. Un manual para la práctica; CIDE-Purrua. México. p.13.

- Barquera S, Rivera-Dommarco J, Gasca-García A. (2001). Políticas y programas de alimentación y nutrición en México. Salud pública de México / vol. 43, no. 5.

- CONAPO, (2000). Índice de Desarrollo Humano municipal.

- CONAPO, (2005). Índices de Marginación por localidad, 2000. p. 17.

- CONAPO-PROGRESA, (1998). Índices de Marginación, México.

- COESPO-CHIAPAS, (2000). Índice Chiapaneco de Marginación, México.

- CONEVAL, (2008), Metodología para la medición multidimensional de la pobreza en México.

- Delgado, H. (2003). Seguridad Alimentaria y Nutricional en Municipios Fronterizos de Nicaragua y Costa Rica. INCAP, Guatemala.

- Diario Oficial de la Federación, (2010). Lineamientos y criterios generales para la definición, identificación y medición de la pobreza. Segunda sección. Publicado el miércoles 16 de junio. p. 23.

- Dunn, W. (1994). En Public Policy Analysis: An Introduction, New Jersey: Prentice Hall, p. 416.

- Espíndola, E. y Nieves, M. (2009). La pobreza infantil: *un desafío prioritario*. División de Desarrollo Social, CEPAL. p. 5.

- Espinosa, E. y Nieves, M. (2010). La pobreza infantil, un desafío prioritario: División de Desarrollo Social, CEPAL. Pobreza infantil y enfoque de derechos. Boletín de la infancia y adolescencia sobre el avance de los objetivos de desarrollo del milenio. Número 10. p. 4.

- Foster, P. (1992), The World Food Problem. Tackling the Causes of Undernutrition in the Third World, Lynne Rienner Publishers & Adamantine Press Limited, Boulder y Londres.

- FAO, (1996). Depósito de documentos. Declaración de Roma sobre la Seguridad Alimentaria Mundial y Plan de Acción de la Cumbre Mundial de Alimentación. Roma.

- FAO, (2002). Cumbre Mundial sobre la Alimentación: cinco años después (Roma, 10-13 junio de 2002).

- FAO, (2009). Cumbre Mundial Sobre Seguridad Alimentaria. Noviembre, en línea: http://www.fao.org/wsfs/cumbre-mundial/es/.

- FAOa, (2009). El estado de la inseguridad alimentaria en el mundo. *Crisis económicas: repercusiones y enseñanzas extraídas.* Roma (Italia).

- FAO, (2010). El Estado Mundial de la Agricultura y la Alimentación 2010–11. Roma (Italia).

- FAOa, (2010). Informe Anual 2010 "La alimentación y agricultura mundiales, a examen". Roma (Italia).

- FAOb, (2010), Seguridad Alimentaria y Nutricional. Conceptos Básicos; Programa Especial para la Seguridad Alimentaria-PESA-Centroamérica.

- FAOc, (2010), El estado de la inseguridad alimentaria en el mundo. *La seguridad alimentaria en crisis prolongada*. Roma (Italia).

- FAOd, (2010), Panorama de la Seguridad Alimentaria y Nutricional en América Latina y el Caribe.

- Franco, R. y Lanzaro, J. (2006): Política y Políticas públicas en los procesos de reforma en América Latina, FLACSO/Miño y Dávila, Buenos Aires.

- INEGI México, (2000 al 2008). Anuarios Estadísticos.

- Instituto de Nutrición de Centro América y Panamá. Página oficial web.

- León, A. y Cols. (2004). Pobreza, hambre y seguridad alimentaria en Centroamérica y Panamá. CEPAL. División de Desarrollo Social. Serie Políticas Sociales. Santiago de Chile.

- MacRae, D. (1985). Policy Indicators, Chapel Hill: The University of North Carolina Press. p. 28. [Versión electrónica].

- Majone, E. (1997), Evidencia; Argumentación y Persuasión en la Formulación de Políticas, FCE. México.

- Medellin, P. (2004). La política de las políticas públicas: propuesta teórica y metodológica para el estudio de las políticas en países de frágil institucionalidad. En: División de Desarrollo Social. CEPAL, Santiago de Chile. p. 19, 107.

- Oficina en Bolivia del Alto Comisionado de las Naciones Unidas para los Derechos Humanos, (2011). Tratados Internacionales sobre Discapacidad y Derechos Económicos, Sociales y Culturales.

- Organización Panamericana de Salud. Consultada su página oficial Web en 2009.

- Ortiz, A. y Cols. (2005). La Alimentación en México: Enfoques y Visión a Futuro, Estudios Sociales, enero-junio, año/vol. XIII, número 025, Universidad de Sonora, Hermosillo, México, p.11, 15.

- Ortiz, I. (2007). Estrategias Nacionales de Desarrollo. *Guías de orientación de políticas pública*. Política Social. Naciones Unidas. Departamento de Asuntos Económicos y Sociales (Onu Daes/ Un Desa).

- Plan de Desarrollo Chiapas Solidario 2007-2012; México.

- Plan Nacional de Desarrollo 2007-2012; México.

- PNUD, (2000). Programa de las Naciones Unidas para el Desarrollo. Consultado en su página oficial Web.

- PNUD, (2001). Cumbre Mundial sobre la Alimentación: cinco años después (Roma, 10-13 junio de 2001).

- PNUD, (2009). Programa de las Naciones Unidas para el Desarrollo. Consultado en su página oficial Web.

- Roth, A. (2006). Políticas Públicas. Formulación, implementación y evaluación, Cuarta reimpresión, Colombia. pp. 26, 142-150

- Sojo, E. (2006). Políticas Públicas en Democracia, Editorial FCE; México. p. 47.

- Trueba, I. (2002). La Seguridad Alimentaria Mundial. *Primeras décadas en el siglo XXI. El papel de la FAO y PMA.* Universidad Politécnica de Madrid. Madrid, abril. pág. 38.

- UNFPA México, (2010). El estado de la población mundial 2010, "Desde conflictos y crisis hacia la renovación: generaciones de cambio".

CONCEPTOS UTILIZADOS EN LA PUBLICACIÓN

La *malnutrición* es un desorden nutricional que, puede ser de diferentes tipos:

a) *Desnutrición*: producida por un consumo insuficiente de calorías y proteínas para garantizar las funciones del cuerpo, su crecimiento y una actividad física normal.

b) *Deficiencia dietética*: falta en la dieta de determinados micronutrientes esenciales, como minerales y vitaminas.

c) *Malnutrición secundaria*: causada no por la dieta, sino por enfermedades o patologías que impiden al organismo absorber los nutrientes ingeridos (diarrea, infecciones, sarampión, parásitos intestinales, etc.), lo cual contribuye a la desnutrición.

Estas variables son habituales en los países pobres, siendo la más relevante la desnutrición, también llamada *Malnutrición Proteico-Energética* (MPE). Las tres situaciones, y principalmente la desnutrición, suelen denominarse coloquialmente como hambre. Cuando en un lugar y momento dados ésta experimenta un proceso de agravamiento que se ve acompañado de otros factores (empobrecimiento, epidemias, frecuentemente aumento de mortalidad), nos encontramos ante una hambruna (Foster, 1992:13-29).

Formas graves de malnutrición

En las formas graves a la deficiencia de peso y talla, se añaden otros síntomas que se manifiestan en dos formas: El marasmo y el kwashiorkor, las formas puras son poco frecuentes y la mayoría de los sujetos presenta signos y síntomas de ambas, estas formas mixtas se denominan

Kwashiorkor marasmático o marasmo-kwashiorkor (Waterlow, J. C. 1992).

a) **Marasmo.** Presenta una deficiencia calórica y un peso menor del 60%. Puede aparecer a cualquier edad aunque la incidencia máxima es a los 6-18 meses, puede ser la causa de numerosas enfermedades como infecciosas, digestivas, neuropatías o trastornos del sistema nervioso central, como también puede estar desencadenada por trastornos psicológicos. En esta patología no existen signos clínicos de edema y si una escasa retención de nitrógeno. Se da una respuesta lenta al tratamiento durante las primeras 4 semanas.

b) **Kwashiorkor.** Existe un déficit de proteínas en un niño cuyo peso no es inferior al 60%. La incidencia máxima es a los 12-48 meses. Existen signos de crecimiento insuficiente, edema, hipoalbuminemia apatía, anorexia, vómitos, diarrea y cambios en la piel, el pelo y las mucosas. También aparece esteatosis hepática.

Clasificación de los tipos y grados de malnutrición proteico-energética según el peso para la edad y la presencia de edemas (clasificación de Wellcome)

Clasificación	Peso expresado en % del valor normal	Edemas	Déficit de peso con respecto a la talla
Niños con peso insuficiente	80 – 60	No	Mínimo
Retraso de crecimiento	< 60	No	Mínimo
Marasmo	< 60	No	Importante
Kwashiorkor	80 – 60	Sí	Importante
Kwashiorkor con marasmo	< 60	Sí	Importante

Fuente: Waterlow (1992:6)

SÍNTESIS CURRICULAR

Octavio Grajales Castillejos, nació el 4 de diciembre de 1968 en la ciudad de Tuxtla Gutiérrez, Chiapas.

Sus estudios del nivel básico y media superior, los realizó en esta entidad chiapaneca.

Respecto a los de nivel profesional y de posgrados:

- De 1989 a 1993, estudió la Licenciatura en Nutrición en la Universidad de Ciencias y Artes de Chiapas.

- De 2001 a 2002, la Especialidad en Docencia Universitaria, en la Universidad de Ciencias y Artes de Chiapas.

- De 2002 a 2004, la Maestría en Docencia con especialidad en Educación Superior, por la Universidad de Ciencias y Artes de Chiapas.

- De 2006 a 2007, la Especialista en Planeación y Evaluación de la Educación, por la Universidad Autónoma de Chiapas-SEP y Universidad Valle de México (Programa de Calidad), "Con reconocimiento del CONACyT".

- De 2009-2011, el Doctor en Estudios Regionales por la Universidad Autónoma de Chiapas (Programa de Calidad), "Con reconocimiento del CONACyT".

Su experiencia laboral

- Actualmente desarrolla un Proyecto de "Retención" CONACyT, como Docente Investigador del Centro para el Desarrollo Municipal y Políticas Públicas.

- Ha sido Profesional Dictaminador de Proyectos de Fondos y Valores en el Instituto Nacional Indigenista en Chiapas, México.

- Coordinador Estatal del Programa Desayunos Escolares en CONAFE, en Chiapas, México.

- Responsable del Departamento de Estudios de Población en el COESPO, Chiapas, por citar algunos.

Además, ha sido docente de posgrado en:

La Universidad Autónoma de Chiapas.

La Universidad de Ciencias y Artes de Chiapas,

El Centro Universitario de Pijijiápan, Chiapas,

Y en la Universidad Mesoamericana en San Cristóbal de Las Casas, Chiapas,

Es autor de publicaciones, tales como:

1. **El impacto de las políticas públicas en la seguridad alimentaria en municipios con menor índice de desarrollo humano del estado de Chiapas, México.** Tesis Doctoral "En el marco del Doctorado de Estudios Regionales", presentada en marzo de 2012.

2. **Manual de Procedimientos** "Vigilancia activa del estado nutricional de niños menores de cinco años y embarazadas". En coordinación con el Instituto de Medicina Preventiva; Chiapas. 2011.

3. **Políticas públicas, marginación y seguridad alimentaria en las regiones de Chiapas.** Universidad Autónoma de Chiapas; Facultad de Ciencias Sociales. Libro Las Ciencias Sociales en el Siglo XXI. La perspectiva de los estudios regionales, 2011.

4. **Seguridad alimentaria en municipios con menor índice de desarrollo humano del estado de Chiapas, México**. Universidad Autónoma de Chiapas, Centro para el Desarrollo Municipal y Políticas Públicas, Primer Congreso Internacional de Pobreza, Migración y Desarrollo; 2010.

5. **Capacidad antioxidante total en alimentos convencionales y regionales de Chiapas, México.** Artículo (indexado) publicado por la Revista Cubana de Salud Pública en 2007.

6. **La Importancia del Factor de Riesgo y Enfermedades Cardiovasculares, 2006.** Tópicos sobre salud, docencia y estudiantes sobre la universidad. Universidad de Ciencias y Artes de Chiapas.

7. **Índices Chiapanecos de Marginación.** Secretaría de Gobierno, Consejo Estatal de Población, 2002.

8. **Diagnósticos Municipales;** Secretaría de Gobierno, Consejo Estatal de Población. Primera Edición. 2002.

9. **"Temas de Población"** Revista del Consejo Estatal de Población de la Secretaría de Gobierno; Segunda Edición. 1999, y

10. **"Proyecto sobre la Revolución Educativa".** Gobierno del Estado de Chiapas, diciembre de 1999.